OSWALDO BRANDÃO

LIBERTADOR CORINTIANO, HERÓI PALMEIRENSE

Consulte nosso catálogo completo e últimos lançamentos em **www.editoracontexto.com.br**.

Maurício Noriega

OSWALDO BRANDÃO

LIBERTADOR CORINTIANO, HERÓI PALMEIRENSE

editora**contexto**

Montagem de capa e diagramação
Gustavo S. Vilas Boas

Preparação de textos
Tatiana Borges Malheiro

Revisão
Ana Paula Luccisano

Dados Internacionais de Catalogação na Publicação (CIP)
(Câmara Brasileira do Livro, SP, Brasil)

Noriega, Maurício
 Oswaldo Brandão / Maurício Noriega. – São Paulo :
Contexto, 2014.

 ISBN 978-85-7244-836-9

 1. Brandão, Oswaldo, 1916-1989 2. Futebol – Brasil –
História 3. Treinadores de futebol – Brasil – Biografia I. Título.

13-13281   CDD-796.334092

Índice para catálogo sistemático:
1. Treinadores de futebol brasileiro : Biografia   796.334092

2014

Editora Contexto
Diretor editorial: *Jaime Pinsky*

Rua Dr. José Elias, 520 – Alto da Lapa
05083-030 – São Paulo – SP
PABX: (11) 3832 5838
contexto@editoracontexto.com.br
www.editoracontexto.com.br

Este livro é dedicado a meu saudoso pai, Luiz Noriega, que me deu a ideia de escrevê-lo. Faço ainda um agradecimento especial a Regina Barone Brandão, filha, e Paulo Guaratti, sobrinho de Oswaldo Brandão. Eles são os guardiões da memória deste personagem fantástico. Isabel, Clara e Rafael, obrigado por entenderem a paixão do marido e papai por contar histórias.

Sumário

Apresentação

> "
> Alô! O Noriega está?
> Quem quer falar?
> É o Brandão.
> "

Tapei o bocal do telefone para que o interlocutor não escutasse minha voz nervosa, e perguntei:

> "
> Pai, é o Oswaldo Brandão?
> "

Sim, era. Comecei a pensar em como contar aos amigos da faculdade de Jornalismo que tinha atendido a um telefonema de um dos maiores treinadores de futebol do Brasil. Por ser filho de Luiz Noriega, famoso narrador da TV Tupi, da TV Cultura, estava acostumado a encontrar ídolos do esporte.

Mas aquele telefonema vinha de outro patamar. Oswaldo Brandão figurava na lista dos grandes nomes, uma espécie de imortal de uma pretensa Academia Brasileira de Futebol. Naquele instante me lembrei de quando fui a um treino da seleção brasileira em São Paulo, quando ele era o treinador. Meu peito de criança se encheu de orgulho ao ver que meu velho era amigo daquele senhor tão famoso.

"
Vou sair, já volto – disse meu pai, desligando
o telefone após uma conversa rápida.
"

A voz trazia preocupação.

Ele retornou algumas horas depois, já de madrugada. Embora estivesse em meu quarto, pude ouvir alguns trechos da conversa que ele teve com minha mãe.

"
O Brandão não está nada bem. Sei lá, parece que ele me
chamou na casa dele para se despedir.
"

Algumas semanas depois, não sei dizer quantas, acordei tarde após um plantão na redação da *Folha da Tarde* e, ao dar bom-dia, ouvi a pergunta materna:

"
Você viu quem morreu?
Não.
O Brandão. Seu pai foi ao velório.
"

Ajudei a escrever matérias repercutindo a notícia. Quem eu ouvia ressaltava o profundo conhecimento do futebol, o caráter, as histórias engraçadas, o gosto pelo churrasco e o hábito de beber uísque sem gelo. A maioria repetia que Brandão era "uma figura humana maravilhosa".

10

Muitos anos depois disso, numa conversa com papai, propus que ele escrevesse um livro sobre o Brandão. Ele me devolveu um desafio:

> **"**
>
> Eu ajudo, mas você escreve.
>
> **"**

Topei. Seu Luiz fez os contatos com a família do treinador, pois era um dos poucos jornalistas que frequentavam sua casa. Conseguimos o consentimento da filha, Regina, e da esposa, dona Luiza, que morreria pouco tempo depois.

Um sobrinho que Brandão recebeu em casa e tratou como filho, Paulo Guaratti, havia assumido a tarefa de organizar e preservar os arquivos, os documentos, a memória do Velho Mestre. Paulo me forneceu farto material sobre a vida de seu tio para pesquisa, tudo caprichosamente arquivado.

O resultado do desafio aceito está nas próximas páginas. Não é uma biografia no sentido literal. Não segue o conceito puramente cronológico ou vasculha cada etapa da vida de Oswaldo Brandão. É um perfil, uma tentativa de contar quem foi esse homem que marcou tantas vidas e como se transformou em um treinador de futebol que por três décadas ganhou tudo, revelou craques e deixou seu DNA registrado em duas das maiores instituições do esporte mundial. Brandão é para mim, sem discussão, o grande treinador da história dos maiores rivais do futebol paulista, Corinthians e Palmeiras.

Modestamente, inspirei-me em um grande livro que li, *Um homem chamado Maria*, do jornalista Joaquim Ferreira dos Santos. Um dos melhores perfis biográficos já publicados no Brasil, contando a história do grande – em todos os sentidos – jornalista e compositor Antonio Maria.

Pai, taí o livro do Brandão!

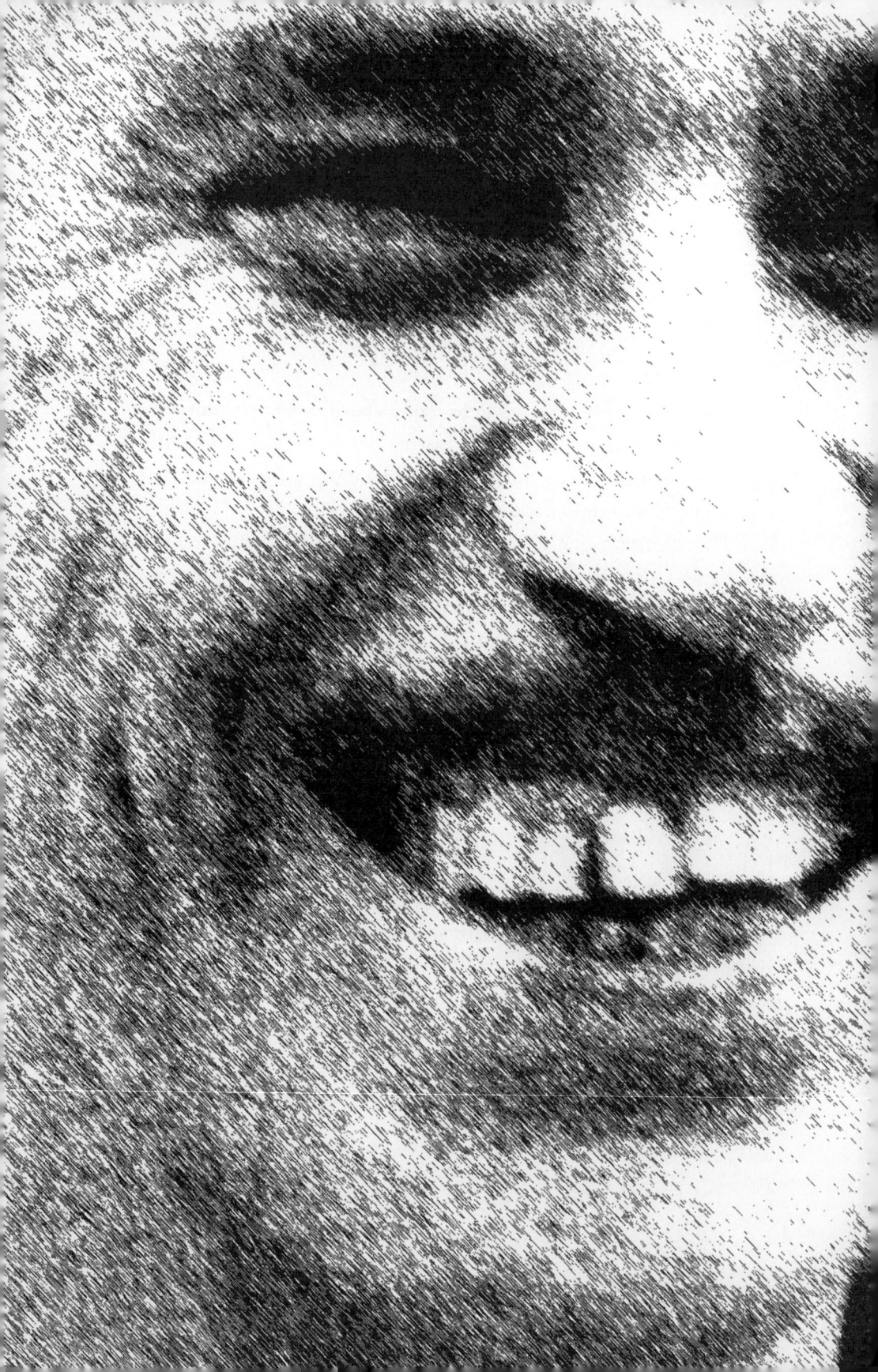

13/10/1977

Uma multidão invadiu o gramado do estádio do Morumbi. Fazia apenas alguns segundos que o Corinthians tinha sido campeão paulista, após vinte e dois anos e alguns meses de jejum. Histeria coletiva, choro, gente percorrendo de joelhos o campo de jogo, pagando promessas.

O repórter Carlos Eduardo Leite, o Dudu, da TV Cultura de São Paulo, aproxima-se de José de Souza Teixeira, auxiliar técnico do Corinthians. Microfone em riste, ele percebe Teixeira inabalável, apenas observando.

"
Não vai comemorar, Teixeira? –
pergunta.
Eu sabia que seríamos campeões –
respondeu, com o olhar fixo em uma
cena em particular.
"

A poucos metros dali, um senhor algo grisalho, de sorriso e bigode fartos, era carregado por uma procissão. Parecia que o povo conduzia o altar de um santo, agradecendo uma graça recebida.

"

Aquela imagem do Brandão sendo carregado pelo povo está na minha memória. Eu fiquei em pé, em cima da cobertura do banco de reservas, olhando tudo aquilo. Os policiais tinham levado o troféu embora, esconderam dos torcedores. Mas eles não queriam o troféu, queriam o Brandão – recorda Teixeira.

"

Naquela noite fria de 13 de outubro de 1977, Oswaldo Brandão estava cumprindo sua maior missão. Espírita kardecista, ele ainda demoraria 12 anos para desencarnar, como dizem os adeptos da doutrina.

"

Eu me guardo. Choro pra dentro – dizia aos repórteres.

"

Mas, naquela noite, milhões viram Brandão chorar, ao vivo e pela TV. Um paletó azul-escuro que cobria um suéter azul-celeste sobre uma camisa social branca se destacava no mar de gente que escondia o verde do gramado. Parecia flutuar acima deles. Todos queriam tocá-lo. Vestindo o paletó estava Brandão. E ele chorava.

Trinta anos tinham passado desde que Brandão trocara a função de jogador de futebol pela de técnico. Foi em 1947 que ele assumiu o time principal do Palmeiras. Pouco antes tinha

A fiel carrega Brandão após a
conquista do título paulista de 1977.

deixado de jogar, por causa de uma contusão no joelho direito. Com a bola nos pés, foi ora lateral-direito, ora centroavante. Chutava forte.

Com os jogadores nas mãos, tornara-se um dos maiores técnicos de futebol do Brasil. Fez sucesso na América do Sul. Foi campeão no Brasil, no Uruguai e na Argentina. Até mesmo na seleção brasileira, que classificou para a Copa do Mundo de 1958 e dirigiu por algumas vezes, dando a primeira oportunidade a muitos futuros craques. Em três décadas tinha deixado sua marca.

Embora colecionasse títulos de torneios mais importantes, Brandão passaria a ser lembrado para sempre, a partir daquela noite, como o técnico que tinha libertado o povo corintiano da escravidão de gozações e humilhações dos adversários.

O roteiro parecia de cinema. O Corinthians havia sido campeão pela última vez, em 1954, com Brandão como treinador da equipe no jogo decisivo contra o Palmeiras. E foi no comando do grande rival histórico do Corinthians que, em 1974, o treinador prolongou o sofrimento alvinegro, vencendo o título paulista daquela temporada, derrotando a equipe da Fiel e, ironia do destino, cravando seu nome também como o maior treinador da história do alviverde Palestra Itália.

Aquele senhor de 61 anos em nada lembrava o jovem que deixara a cidade de Taquara, no Rio Grande do Sul, para ganhar a vida como jogador de futebol e, quem sabe, evitar o destino previsível da maioria de seus companheiros de infância, o de seguir os passos dos pais e trabalhar na indústria ferroviária.

Até chegar ao título de 1977, provavelmente o mais marcante de sua carreira, Brandão tinha acumulado a experiência de jogador mediano no Sul, com passagens por Internacional e Grêmio, e uma breve carreira no Palestra Itália.

Assumiu como técnico do Palmeiras para quebrar um galho em 1945. Retornou como técnico de fato dois anos mais tarde, e só deixaria o futebol em 1989, quando desencarnou (como espiritualista, ele evitava o termo morte).

Marcou gerações de torcedores e influenciou profundamente jogadores e treinadores com quem trabalhou. Inclusive alguns que nem sequer o conheceram, mas que imitam seus gestos, métodos e até mesmo algumas de suas frases.

Poucos olhos viram a vida e o futebol como os de Oswaldo Brandão.

Caçamba, a Assombração de Poá

É alta madrugada em Poá, pacata estância hidromineral a cerca de 30 quilômetros do centro de São Paulo. Faz frio e nada rompe o silêncio da noite em uma chácara na zona rural da cidade. Sorrateiramente, um vulto avança pela varanda que dá acesso a vários quartos. Na escuridão é difícil saber de quem se trata. Ele encontra uma das portas entreaberta e, cuidadosamente, a empurra. Um grito gutural ecoa pelo quarto. Apavorados, os ocupantes dos beliches saltam em pânico do sono profundo e um deles consegue acender a luz. Demoram alguns segundos para identificar um lençol branco se movendo pelo quarto. Uma voz grave provoca:

"
Vamos acordar, cambada! – seguida de uma gargalhada.
Porra, Caçamba, seu filho da puta!
"

Lépida, a assombração de Poá desaparece na madrugada, lençol na mão, com protestos dos que foram enganados na madrugada fria e silenciosa.

Caçamba era ora lateral-direito, ora centroavante de um grande time de futebol de São Paulo, o Palestra Itália. Vinha de Porto Alegre, onde jogara nos rivais Grêmio e Inter e também no Força e Luz. O apelido era referência à dupla formada com um ex-colega de time, centroavante. Viviam juntos no Sul, barbarizavam na noite gaúcha. Eram tão próximos que pareciam corda e caçamba. Cada um ficou com um apelido para identificar a parceria. Corda era Sylvio Pirilo, centroavante, definidor. Caçamba era o lateral de chute potente com a perna direita. Pirilo tinha uma baratinha, um carro conversível, cujo banco traseiro era propriedade de Caçamba. Era nela que a dupla corria a noite porto-alegrense em busca de diversão, alguma briga, uma farra.

"

O Caçamba era um baita companheiro. Brincalhão, divertido,
fazia piada de tudo, organizava churrascos. Naquele tempo
a vida de jogador era bem diferente. A concentração era
numa chácara em Poá, nada de hotel cinco estrelas. Ele vivia
aprontando essas brincadeiras com a gente. Vestia-se de
fantasma, chutava porta, batia na janela. Mas ninguém ficava
com raiva, todos gostavam dele.

"

A afirmação vem com o selo de um dos maiores nomes da história do Palestra Itália, futuro Palmeiras, o goleiro Oberdan Catani, uma lenda do futebol brasileiro nos anos 40. Líder do time, arqueiro espetacular, ídolo dos torcedores, Oberdan lembra bem de Caçamba em campo.

"

Ele chutava forte, era um coice de pé direito.
E lutava muito em campo.

"

Antes de virar o Caçamba das noites de Porto Alegre, o lutador de chute forte nasceu Oswaldo Brandão, em 18 de setembro de 1916, em Taquara, cidade na encosta da Serra Gaúcha, a 70 quilômetros de Porto Alegre. Foi o caçula de uma prole de doze (dez vingaram, como se dizia na época, e dois morreram ainda bebês) do casal Heitor Furtado Brandão e Honorina.

Heitor era maquinista. Conduzia trens pelo Rio Grande do Sul, entre Taquara, Porto Alegre, Rio Grande, Bagé. Vida dura, mas de muita honra e fortemente marcada pela influência da colonização alemã da região. Se a vida de Oswaldo e dos irmãos era difícil com Heitor presente, ficou ainda pior em 1918, quando o patriarca faleceu. O primeiro desafio se apresentava ao guri de 2 anos.

Honorina trabalhava como costureira para a Renner, tecelagem de Porto Alegre. Costurava em casa, mas com o aperto na vida mudou-se para a capital do estado com os filhos para poder trabalhar na fábrica e ganhar mais. Levava as filhas mais novas com ela para ajudar na lida diária na tecelagem e reforçar o orçamento. Quando completou 12 anos, Oswaldo foi trabalhar na ferrovia. Sua função era difícil até para um adulto: abastecer as fornalhas das locomotivas com carvão.

"

Imagine um guri de 12 anos com um serviço para homem feito. Era na base da pá que se jogava carvão nas fornalhas das locomotivas – recorda o sobrinho Rubens Moysés, filho de Comba, uma das irmãs de Oswaldo.

"

O garoto foi desenvolvendo o caráter também nas partidas de futebol jogadas próximas às linhas de trem. Campos lamacentos, uns descendentes de alemães altos e fortes pra burro. Só havia uma saída: muita luta e bater forte na bola para tirá-la das poças de lama. Com 14 anos, Oswaldo foi um dos fundadores do Garrat

Futebol Clube, equipe cujo nome era emprestado de uma locomotiva trazida da Alemanha. Foi jogando pelo Garrat, poucos anos depois, que o menino Oswaldo chamou a atenção de um ícone do futebol gaúcho e brasileiro, Eurico Lara, goleiro do Grêmio Football Porto-alegrense.

Foi Lara, cujo nome está na letra do hino do Grêmio (*Lara o craque imortal / soube seu nome elevar / hoje com o mesmo ideal / nós saberemos te honrar*), que indicou Oswaldo para um teste em Porto Alegre.

O garoto foi aprovado pelo rigoroso treinador Frazão de Lima. Jogaria no Grêmio, um passo importante para vislumbrar uma vida melhor para a mãe e os irmãos. Após um período no Grêmio, outro grande nome do futebol gaúcho, Aparício Vianna e Silva, apelidado Apa, surgiu na vida de Oswaldo. Apa era treinador, árbitro, jornalista, uma referência no sul do Brasil. Ele indicou Brandão para uma temporada no hoje extinto time do Força e Luz, a fim de amadurecê-lo como atleta.

No final da década de 1930, já conhecido como Brandão e não mais como o guri Oswaldo, ele deixa o Força e Luz e se apresenta ao grande rival do Grêmio, o Internacional.

"

No Internacional, o Oswaldo formou uma intermediária que marcou época: Brandão, Magno, que era um centromédio uruguaio, e Levi – lembra o sobrinho Rubens.

"

Aos amigos mais próximos, Brandão contava uma história dos tempos de Internacional que, segundo ele, retratava seu comportamento em campo. Ele dizia que durante um Gre-Nal, o grande clássico gaúcho, defendendo o Inter, concluiu que o árbitro estaria roubando para o Grêmio. Em depoimento ao jornalista Roberto Petri, publicado na revista *Show do Esporte*, em 1989, Brandão contou o seguinte:

> "
> Numa decisão, um árbitro chamado Luís Eduardo Doce estava francamente disposto a dar a vitória ao Grêmio. O adversário estava na frente quando empatei, quase furando a rede. Em seguida, marquei mais um para o Inter, mas o tal Doce resolveu anular. Sangue quente, não aguentei: parti para cima dele e fiz o serviço, quebrando-lhe a cara. Ganhei uma suspensão de seis meses da CBD e passei a madrugada na cadeia.
> "

O problema é que a história contada por Brandão não é confirmada pelos arquivos do clássico maior do futebol gaúcho. De acordo com o livro *A história dos Grenais*, de Nico Noronha e Davi Coimbra, Brandão participou de 15 clássicos pelo Inter. Fez apenas um gol, no empate por 3 a 3 em 20 de julho de 1939. O árbitro dessa partida foi João Chiavoni.

O juiz que ele chama de Luís Eduardo Doce, na verdade era Luiz Eduardo Dolce, e apitou o Gre-Nal de 6 de junho de 1938, que terminou num 4 a 4. Mas Brandão não jogou essa partida. Tampouco aparece em alguma outra escalação de Gre-Nal apitado por Dolce. A Federação Gaúcha de Futebol não tem em seus arquivos o registro de Oswaldo Brandão como atleta, o que inviabiliza a confirmação da história relatada pelo futuro treinador.

Enquanto foi jogador do Inter (que segundo seus familiares era seu time de preferência no Sul), Brandão desenvolveu sólida amizade com um conselheiro do clube chamado Carmino Mazzaferro, dono de uma banca de frutas no Mercado Público de Porto Alegre. O jogador frequentava a casa do conselheiro e testemunhava muitas das reuniões políticas realizadas na sala de estar. Foi o dirigente colorado quem, no final de 1941, aconselhou o rapaz a dar uma guinada em sua carreira.

> "
> Você precisa ir para São Paulo – disse Mazzaferro, cuja ligação com a família de Brandão seria mantida pelas gerações futuras.
> "

Quando aceitou o conselho do amigo, Brandão cumpriu o ritual daquela época. As relações entre jogadores e clubes eram regidas por um instrumento chamado passe, que fazia do atleta propriedade do time que o contratava. Os clubes compravam e vendiam os passes dos jogadores, movimentando o mercado. Havia quem vislumbrasse nesse tipo de negociação uma boa oportunidade para fazer dinheiro. Eram chamados de empresários no jargão do futebol. Procuravam jogadores e clubes garantindo poder proporcionar negócios melhores para ambos. Mas havia malandros, aproveitadores.

Foi uma dupla desses empresários que convenceu Brandão de que ele teria uma vaga assegurada não em São Paulo, como havia sugerido Mazzaferro, mas no Fluminense, no Rio de Janeiro. Ao acreditar na palavra da dupla Fernando Giudicéli e João Chiavone, Brandão e um outro jogador do Inter, conhecido como Cascão, toparam pegar um trem com destino à então capital federal.

Após seis dias de viagem, o trem chegou a São Paulo e os jogadores ouviram dos empresários que deveriam descer, porque eles precisariam resolver outros negócios. Brandão e Cascão foram deixados numa pensão no bairro do Brás e durante vários dias ficaram à própria sorte. Quando os tais empresários reapareceram, a promessa de lugar certo em bons times revelara-se uma farsa. Cascão deveria seguir viagem para o Rio de Janeiro, supostamente para jogar no Fluminense, e Brandão precisaria fazer um teste no Palestra Itália.

Aprovado no teste, Brandão foi contratado pelo Palestra no início de 1942, chancelado pelos diretores Caetano Marengo, Odilio Cecchini e Mario Frugiuelle (que posteriormente seria presidente do Palmeiras). A estreia aconteceu em 14 de março de 1942, no empate por 1 a 1 com o São Paulo, no Pacaembu, em um torneio chamado Quinela de Ouro.

A partir daquele jogo, Brandão ligaria eternamente sua história à do Palestra, que viraria Palmeiras, como jogador, treinador e também no aspecto familiar. Pouco mais de um ano após ser contratado, Brandão sofreu uma grave contusão no joelho direito, que afetou os meniscos, num amistoso contra o Santos, na Vila Belmiro, em 14 de novembro de 1943. Ele precisou ser operado, mas o resultado não foi bom, em virtude da precariedade da medicina esportiva naqueles tempos. A recuperação se anunciava longa e solitária, pois o jogador vivia numa pensão próxima ao Palestra Itália. Em pouco tempo de clube, Brandão tinha cativado os jogadores e muitos dos diretores com sua postura séria dentro de campo e o bom humor fora dele. Inclusive conhecia alguns diretores e suas famílias. Um dos diretores, Antonio Langone Barone, convidou Brandão antes da cirurgia para almoçar na casa de sua mãe, Josefina Barone. Sensibilizada com a situação do rapaz, dona Josefina decidiu que ele não poderia se recuperar bem vivendo numa pensão e fez um convite:

"

Depois que você for operado,
vai morar aqui comigo para se recuperar direito.

"

Logo após a cirurgia, enquanto ainda estava internado, Brandão recebeu uma visita de dona Josefina. Ela apareceu no hospital com uma de suas netas, chamada Luiza. A surpresa teve efeito imediato no paciente.

"

Eles se conheceram no hospital, e minha mãe gostou do meu
pai. Ele também gostou dela e foi assim que aconteceu –
recorda Regina Barone Brandão, quase 70 anos após o dia em
que seus pais se viram pela primeira vez.

"

A contusão e a cirurgia abreviaram a carreira de Brandão como jogador, mas traçaram seu destino profissional e pessoal. Apaixonado por Luiza, casou-se em 1945, mesmo ano em que foi convidado pelo Palmeiras para ser treinador das divisões de base. Havia o lado curioso da história, que também se revelaria premonitório. Luiza, a jovem esposa de um jogador do Palmeiras, era a corintiana solitária de uma família palestrina. Nem ela, nem o marido poderiam imaginar que ele seria no futuro o maior treinador da história dos grandes rivais.

Ainda em 1945, Antonio Langone Barone, o tio de Luiza que havia levado Brandão para almoçar em sua casa, chamou-o para treinar a equipe profissional do Palmeiras. Em 7 de outubro de 1945, ele dirigiu o Palmeiras pela primeira vez como treinador, numa vitória por 5 a 0 sobre o SPR (São Paulo Railway, precursor do Nacional Atlético Clube). Mesmo ocupando o cargo de treinador, seguiu atuando como jogador em algumas partidas do time principal e no de aspirantes, até a derradeira atuação como profissional, em um amistoso com o Mogi Mirim, em 13 de outubro de 1946. Brandão entrou no segundo tempo do jogo, que terminou com vitória por 5 a 1, no lugar de uma lenda palmeirense, o meio-campista Og Moreira. A breve carreira de Brandão como jogador do Palestra/Palmeiras foi modesta em números. Apenas 34 jogos, três gols e o título de campeão paulista de 1942, ano da famosa Arrancada Heroica, quando o Palestra precisou mudar de nome para Palmeiras em virtude das pressões políticas provocadas pela guerra contra um clube fundado por italianos.

Em 1947, o diretor palmeirense Eugenio Malzone conduziu Oswaldo Brandão ao cargo efetivo de treinador da equipe profissional da Sociedade Esportiva Palmeiras. Seria apenas o primeiro ato de uma história cujos números ofuscam o de qualquer outro treinador que passou pelo clube. No mesmo ano ele conquistaria o primeiro título como técnico de um time profissional, no Campeonato Paulista. Foi buscar no Rio de Janeiro um reforço importante, o atacante Lula, do Botafogo. Posteriormente apelidado de Canhãozinho do Parque Antártica (como era conhecido o antigo estádio do Palmeiras), Lula foi um dos destaques do time palmeirense, que ainda tinha ídolos como Oberdan, Turcão, Zezé Procópio e Waldemar Fiúme.

Como havia jogado com a maioria de seus comandados, Brandão ainda trazia muito do espírito de atleta e conhecia as carências dos jogadores. Procurava fazer por seus atletas o que os dirigentes do Palmeiras fizeram por ele: ajudar. Preocupava-se com os problemas, perguntava da família, cobrava melhores condições de trabalho.

O casamento com Luiza Barone, a única corintiana em uma família de palmeirenses.

Além de festejar o início vitorioso na nova carreira, Brandão tomou outra decisão. Agora ele era um comandante, os tempos de juventude tinham ficado para trás. Estava casado com Luiza e já era pai de Regina (29/11/1945) e Márcio (12/2/1947). Era preciso impor respeito junto aos atletas. Para isso, decidiu abandonar o apelido que trazia da juventude. Caçamba, nunca mais!

> **"**
>
> Meu pai dizia que aquele apelido já não representava quem ele era e resolveu esquecê-lo. Nunca soube de uma briga dele com o Sylvio Pirilo [que era a Corda da dupla Corda e Caçamba] que tivesse motivado papai a ter raiva do apelido. Ele simplesmente achava que não combinava com quem queria ser um grande treinador – esclarece Regina Brandão.
>
> **"**

Saía de cena Caçamba, a Assombração de Poá. Começava a ser escrita a história de Oswaldo Brandão, o Velho Mestre.

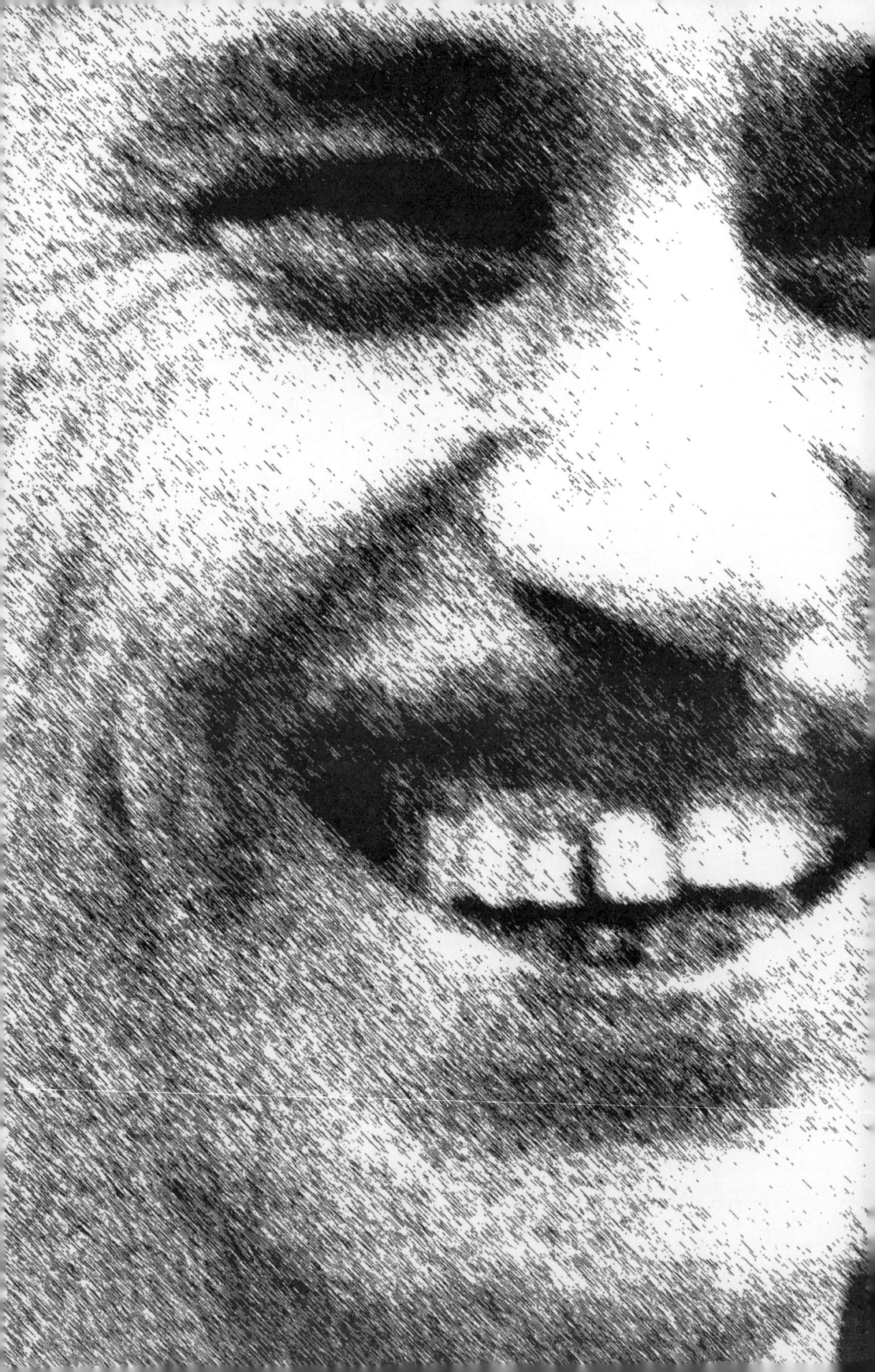

Pensão, cinema
e títulos

Recém-casado, pai de dois filhos pequenos, campeáo paulista com o Palmeiras. Parecia que a carreira do jovem treinador, de apenas 31 anos, estava encaminhada. Mas o gaúcho era irrequieto e achava que precisava tentar a sorte longe do conforto que o Palmeiras lhe oferecia. Era casado com a sobrinha de um diretor e sempre havia alguém que fazia algum comentário maldoso, comportamento que o irritava profundamente.

Surgiu uma proposta do Santos Futebol Clube, e lá foi Brandão descer a Serra do Mar. Descer e subir, diariamente, dividindo espaço no Expressinho, que era um carro que fazia o trajeto Santos-São Paulo levando até cinco passageiros. Ele trabalhava em Santos e voltava para São Paulo à noite, para dormir em casa.

Embora fosse um time importante, o Santos ainda não tinha sido agraciado pelos deuses do futebol com uma dádiva chamada

Pelé. O clube não ganhava nada desde 1935. Brandão assumiu em 1948, após passagens fracassadas dos treinadores Diego Ayala e Albertinho. Ficou na Vila Belmiro até 1950. Ele considerava o time excelente e destacava o futebol refinado de Antônio Fernandes, o Antoninho. Chamado de Gordo pelos companheiros, Antoninho foi um meio-campista que, segundo Brandão, "era capaz de desequilibrar uma partida num tempo de tantos talentos em campo".

O Santos foi vice-campeão paulista em 1948, uma temporada em que o Club Atlético Ypiranga surpreendeu em terceiro lugar, deixando para trás os gigantes Corinthians e Palmeiras. O São Paulo foi campeão, dois pontos à frente do Santos.

Desde os tempos de jogador, Brandão era antipático em relação às arbitragens. Desconfiava de tudo e de todos que se relacionavam com o apito no futebol. Buscava informações sobre a vida dos árbitros junto a amigos e muitas vezes justificava insucessos citando arranjos dos juízes de futebol. Sobre o Paulista de 1948, ele afirmava que o Santos tinha sido prejudicado pelas arbitragens e citava o nome de um árbitro chamado Francisco Kohn Filho como um dos responsáveis.

Ainda que tivesse conquistado o título da Taça Cidade de São Paulo (torneio que era disputado pelos três melhores times do Campeonato Paulista do ano anterior) de 1949 pelo Santos, Brandão resolveu parar com o futebol. Atitude que se repetiria diversas vezes em sua carreira.

"

Ele se desiludia facilmente, muitas vezes com os dirigentes, outras com os árbitros, então decidia largar o futebol. Mas não conseguia ficar longe e sempre voltava – conta sua filha, Regina.

"

Como tinha gostado de Santos, havia feito amigos na cidade e precisava sustentar a família, Brandão decidiu montar uma pensão. Fez sociedade com o atacante Pinhegas, que tinha sido seu jogador, e abriu

Arquivo pessoal de Regina Brandão

Com a filha Regina, nos tempos em que
treinou o Santos.

a Biarritz, inspirado pelos tempos em que viveu em pensões ao trocar
Porto Alegre por São Paulo. Como porto seguro de jovens jogadores
que tentavam a sorte no Santos e na Portuguesa Santista, a Biarritz, que
ficava no bairro de José Menino, foi um sucesso. Mas como negócio fra-
cassou. Brandão e a esposa Luiza se deixavam levar pelas histórias tristes
e terminavam mais ajudando do que cobrando pelo serviço.

As contas não fechavam, era preciso trabalhar e o vírus do futebol tinha infectado Brandão para sempre. Apareceu um convite
da Portuguesa de Desportos, feito pelo dirigente Nestor Pereira.
Brandão topou, e foi na Lusa que começou a aparecer como grande
treinador e a consolidar seu estilo de trabalho. Era centralizador, não

31

abria mão do comando, desde as contratações até a escalação, passando por alimentação e preparação física. Comandava o exército de um homem só: ele. Aceitava colaborações apenas das pessoas em que confiava plenamente.

Com os jogadores era paternalista. Obcecado pela higiene, não admitia sujeira e bagunça no vestiário e nas concentrações, e verificava pessoalmente como os jogadores cuidavam dos pés, se cortavam as unhas direito, se tinham calos. Levava pedicuros aos clubes para cuidar da ferramenta de trabalho dos atletas.

"

Era algo que na lógica do meu pai tinha relação com o desempenho dos jogadores. Eles reclamavam dos gramados, das chuteiras, e ele dizia que, se precisavam dos pés para chutar e correr, os pés deveriam estar bem cuidados – explica Regina.

"

O que Brandão fez em 1951 e 1952 na Portuguesa gerações de torcedores jamais esquecerão. Foi o período mais glorioso da Lusa. Brandão relatava animadamente em entrevistas concedidas mais de 30 anos depois como tinha montado aquela equipe:

"

Compramos Muca, um goleiraço, no Paraná, por 10 contos [dinheiro da época], e mais o Nena, da seleção gaúcha. De Minas trouxemos o Cecy; do São Paulo, Noronha e Jacó. Brandãozinho veio da Portuguesa Santista, tiramos o Julinho [Botelho] do Juventus e já contávamos com Pinga, Renato e Simão.

"

Nos anos 50, existia uma premiação simbólica, que era muito tradicional no futebol brasileiro, chamada Fita Azul. Era oferecida pelo extinto jornal *A Gazeta Esportiva*, que foi o maior e mais importante periódico esportivo do Brasil, ao time brasileiro que acumulasse a maior sequência invicta de jogos fora do país.

Entre 28 de abril e 31 de maio de 1951, a Portuguesa disputou 12 partidas na Europa, jogando em três países, Turquia, Espanha e Suécia. O saldo final foi espetacular: 10 vitórias e um empate. A Lusa derrotou os três principais times turcos, Fenerbahce, Galatasaray e Besiktas, e uma seleção de Ancara, capital da Turquia. Venceu o Atlético de Madrid e empatou com o Valencia, na Espanha. Na Suécia, acumulou cinco vitórias, tendo derrotado equipes importantes como Goteborg e Norrkoping. O time-base da campanha era: Muca, Nena e Noronha; Djalma Santos, Brandãozinho e Ceci; Julinho, Renato (Rubens), Nininho, Pinga e Simão. No comando técnico, um orgulhoso Oswaldo Brandão.

O giro pela Europa teve momentos inusitados. O meio-campista Renato havia trocado uma nota de 50 dólares na primeira escala em Lisboa. Na parada que a delegação fez em Roma, Itália, Renato, Rubens e Djalma Santos compraram uma caixinha de música cada um. O meio-campo pagou todas com aquela nota de 50 dólares. A polícia italiana o deteve, então, sob a suspeita de que a nota fosse falsa. Foi preciso muita conversa para liberar o jogador e a delegação para seguir até a Turquia. Quando o time parou de novo em Lisboa, na última escala antes de voltar ao Brasil, a polícia portuguesa já tinha sido avisada pelos italianos de que haviam desconfiado da nota. Os três jogadores foram detidos. Portugal estava sob a ditadura de António de Oliveira Salazar e foi preciso a intervenção da embaixada brasileira para liberar a delegação da Portuguesa, mesmo depois de ficar claro que os jogadores na verdade eram inocentes.

Na volta ao Brasil, o time da Lusa continuou encantando com seu futebol vistoso e ofensivo. Foi apontado como o esquadrão do Brasil pela imprensa. Brandão esperava ser escolhido para dirigir a seleção paulista. Os campeonatos nacionais de clubes ainda não existiam, e o brasileiro vibrava com o campeonato entre as seleções estaduais, que tinha grande prestígio.

"

Acabei sendo deixado de lado, e escolheram o Aymoré Moreira
para treinar a seleção paulista. Enjoei e decidi largar tudo –
desabafava Brandão, sempre que lembrava daquele período.

"

Acrescentava que aquela tinha sido uma das maiores decepções
de sua carreira, porque nove jogadores do time que ele havia montado foram chamados para a seleção paulista e ele, não.

Já sob o comando do técnico argentino Jim López (que dirigiu
Palmeiras, São Paulo, Ponte Preta e até a seleção argentina), a Portuguesa venceu o Torneio Rio-São Paulo, então o mais importante do futebol
brasileiro, com uma campanha sensacional: seis vitórias, um empate e
duas derrotas. Foi preciso disputar dois jogos de desempate com o Vasco, que vinha dos tempos de Expresso da Vitória e também tinha uma
equipe fantástica, para decidir o título. Em 15 de junho de 1952, a
Portuguesa venceu por 4 a 2, no Pacaembu. Na noite do dia 19, uma
quinta-feira, o Maracanã foi palco de um empolgante empate por 2 a 2,
que deu o título à Portuguesa. Apelidado pela imprensa de Máquina de
Gols, o time da Portuguesa fez 31 em 11 partidas, média de 2,81.

A Portuguesa ainda conquistaria o Rio-São Paulo novamente
em 1955 e acumularia outras conquistas do prêmio Fita Azul. Mas
foi no biênio 1951-1952 que o time montado por Brandão entrou
para a história do clube. O treinador voltaria a trabalhar no clube
do Canindé, numa passagem discreta e sem conquistas, entre 1978
e 1979. Embora não tenha sido o time no qual obteve mais sucesso,
ele sempre se referia com carinho à Lusa.

Campeão paulista, ganhador da Fita Azul, mas desempregado
e com dois filhos para criar. Era esse o dilema de um desiludido
Brandão. Ele precisava e gostava de trabalhar. Como o futebol estava descartado momentaneamente, surgiu uma alternativa. Um tio
de sua esposa era proprietário de um cinema na Praça da Sé, centro
de São Paulo. O Cine Santa Helena era uma sala conceituada, fre-
quentada por famílias. Brandão assumiu a função de gerente.

Como não conseguia ficar muito tempo longe do futebol, ele atendeu ao convite de um ex-jogador chamado João Meira, que enriquecera como fazendeiro e era político na cidade de Lins, região Oeste do estado de São Paulo, para treinar o Clube Atlético Linense. O time disputava a segunda divisão do campeonato paulista e tinha batido na trave do acesso para a elite em 1951. Brandão conhecia muitos jogadores e acompanhava o desempenho dos times de aspirantes (segundas equipes, formadas por jovens que estavam sendo preparados para alcançar a equipe principal). Ele usou esse conhecimento para montar o time do Linense, contratando jogadores que não estavam sendo utilizados nos grandes da capital e no Santos. A base da equipe ficou assim: Inocêncio, Rui e Noca; Frangão, Geraldo e Ivan; Alfredinho, Américo Murolo, Washington, Próspero e Alemão.

Como o elenco profissional tinha apenas 17 jogadores, os atletas juvenis eram chamados para ajudar nos treinamentos. Entre eles havia um garoto chamado João Bosco Turetta, que morava num alojamento em frente ao estádio. Alguns anos depois, ele faria uma importante carreira como jornalista em jornais, rádios e TVs de São Paulo. Bosco conviveu com Brandão como atleta e depois como jornalista.

"

No Linense ele era tudo. Amigo, pai, conselheiro, orientava os atletas em como administrar suas vidas – recorda.

Certa vez, o Linense perdeu por 1 a 0 em seu campo, e Brandão não gostou. Perguntou o que acontecera e os jogadores disseram que o gramado do estádio Gigante de Madeira estava ruim. Na segunda-feira, o elenco foi para o vestiário, todos estavam prontos para treinar. Brandão ficou para fora, e a cada jogador que saía para o campo ele entregava uma enxada. Se o campo estava ruim, então os jogadores deveriam aparar a grama. Ele havia ido pela manhã a uma casa chamada Três Machados e comprado 17 enxadas. Coisas do mestre – acrescenta.

"

Ao vencer a Ferroviária de Araraquara por 3 a 0, em 31 de maio de 1953, o Linense conquistou o título da segunda divisão de 1952 (maluquices do calendário do futebol brasileiro) e se classificou para disputar a primeira divisão em 1953. O sucesso do time foi tamanho, que Brandão, que havia sido preterido em 1951, foi chamado para comandar a seleção paulista. Levou com ele dois craques do Linense, Alfredinho e Américo Murolo, e conquistou o título nacional de seleções.

Como sempre teve ligação com o Palmeiras, Brandão esperava um convite para retornar ao clube. O chamado veio da Portuguesa Santista, e lá foi o treinador subir e descer a serra novamente para ganhar a vida. Sem resultados, foi demitido. A saída era retornar ao Cine Santa Helena. Mas a situação agora era diferente. O centro de São Paulo passava por um processo de deterioração, provocado pelo crescimento acelerado da cidade, e a sala que era sinônimo de requinte e programas familiares havia se transformado em ponto de outro tipo de encontro. Quando a luz era apagada, acontecia de tudo nas cadeiras e ninguém dava a mínima para o que rolava na tela. A tarefa de Brandão era moralizar o cinema. Também porque ele ainda não tinha comprado uma casa e vivia na ala residencial do edifício com a mulher e os filhos.

Um dos diretores de futebol do Corinthians, Vicente Matheus, viu o time do Linense jogar e ficou encantado. O Timão andava muito mal sob o comando do treinador José Castelli, conhecido como Rato. Matheus então sugeriu ao presidente do clube, Alfredo Ignácio Trindade, que contratasse Brandão. Embora tivesse relutado em virtude da ligação de Brandão com o Palmeiras, Trindade aceitou a sugestão. Juntou uma tropa de diretores e rumou para o Santa Helena. Os pequenos Márcio e Regina já estavam confortáveis no sofá da ala residencial, onde costumavam dormir. Brandão pediu que Luiza levasse os filhos para o quarto e acomodou as visitas importantes no sofá. O contrato foi fechado rapidamente, e o gaúcho de alma palestrina foi confirmado como treinador do Timão.

"

Aquele contrato mudou a minha vida – costumava dizer.

"

Ele tinha razão.

A partir do compromisso assinado com o Corinthians, Brandão poderia, entre outras coisas, comprar a primeira casa para a família, no bairro do Tremembé, Zona Norte de São Paulo, e partir para a construção de uma das mais vitoriosas carreiras do futebol brasileiro. Ele demonstraria gratidão a Alfredo Trindade por toda a vida. Dizia que tinha sido o melhor dirigente com quem havia trabalhado. Trindade trabalhara como executivo de uma grande multinacional sueca, a SFK, e segundo Brandão, trouxera muito do ambiente corporativo para o futebol. Naqueles tempos, os dirigentes manipulavam as tabelas em favor dos times grandes, era uma prática comum. Eles procuravam orientar a ordem dos jogos junto à Federação Paulista. Após uma derrota em um clássico, por exemplo, sempre era marcada uma partida contra uma equipe pequena, em casa, para reduzir drasticamente a possibilidade de novo fracasso.

"

Trindade era terrível. Era capaz de manipular uma tabela usando apenas palavras – disse, em entrevista à revista *Veja*, em 1975.

"

37

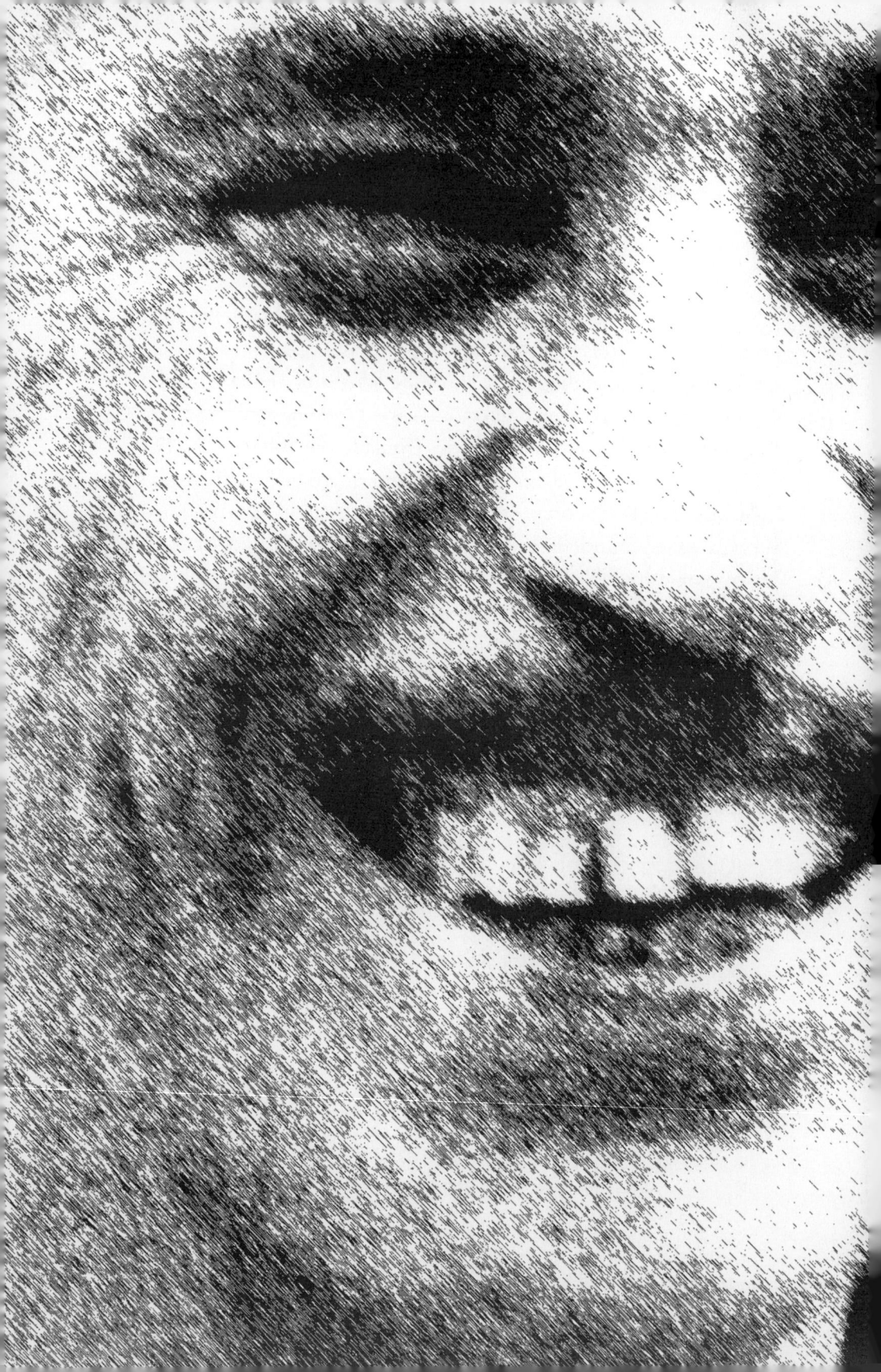

Campeão quatrocentão

O ano de 1954 seria especial para São Paulo. Em 25 de janeiro, a cidade completaria 400 anos de fundação e a transformação era vertiginosa. Ainda havia a famosa garoa, a neblina da madrugada, bondes circulavam e simpáticas carroças entregavam leite e pão. O perfil provinciano da capital começava a ser alterado pelo ritmo acelerado da industrialização. São Paulo era uma metrópole em gestação em 1954.

Muitas obras foram programadas para marcar a data. Um ano antes, a cidade ganhou do empresário Assis Chateaubriand, dono dos Diários Associados, o maior conglomerado de mídia do Brasil naquele tempo, o Museu de Arte Moderna, posteriormente renomeado Masp (Museu de Arte de São Paulo). O Parque do Ibirapuera começava a ganhar forma. A Corrida Internacional de São Silvestre, tradicional prova de rua que marcava o encerramento do ano esportivo, recebeu um convidado ilustre em 31 de dezembro de 1953.

Emil Zatopek, a Locomotiva de Praga (único atleta a vencer os 5 mil e os 10 mil metros e a maratona na mesma Olimpíada, em 1952), um dos maiores atletas da história, venceu a 29ª edição da prova com larga vantagem.

O futebol estava consolidado como o esporte favorito dos paulistanos, empurrado pela maior rivalidade: Corinthians e Palmeiras. Jornais e rádios promoviam grandes jogos e campeonatos com apelidos pomposos. O campeão de 1922, por exemplo, era chamado de Campeão do Centenário da Independência do Brasil. No caso, o Corinthians. O campeão estadual em 1950 (embora o torneio tenha terminado em 1951), o Palmeiras, foi saudado como Campeão do Ano Santo, numa referência à realização do Congresso Eucarístico Mundial, no Rio de Janeiro.

A promoção em torno do Campeonato do Quarto Centenário era enorme e atiçava a rivalidade. O São Paulo começava a se intrometer entre Corinthians e Palmeiras nas conquistas, enquanto o Santos amargava um longo período sem conquistas importantes, desde 1935. Os campeonatos estaduais eram os principais torneios, ainda que o Rio-São Paulo, vencido pelo Corinthians em 1953, fosse prestigiado.

Oswaldo Brandão havia sido contratado pelo Corinthians após o bom trabalho no Linense, de onde tirou o zagueiro e volante Goiano. A conquista do Rio-São Paulo, em 1953, fazia crescer o prestígio do jovem treinador.

O Campeonato Paulista do Quarto Centenário era especial. O torneio não tinha uma final. Quem somasse mais pontos após dois turnos seria campeão. Corinthians e Palmeiras chegaram à penúltima rodada como os únicos postulantes ao título. A competição havia invadido o ano de 1955, e o jogo decisivo aconteceria em 6 de fevereiro, no Pacaembu. O Corinthians precisava de um empate para confirmar a conquista. O Palmeiras, além de derrotar o rival e também o Linense, na última rodada, ainda precisaria esperar que o Corinthians perdesse para o São Paulo em seu compromisso final.

Respirava-se a rivalidade pelas ruas de São Paulo. Tudo remetia ao confronto. Os times eram poderosos. No Palmeiras brilhavam craques como Jair Rosa Pinto, o Coice de Mula, assim chamado por causa do chute potente, e o atacante Humberto Tozzi. O Corinthians confiava em Luizinho, um meia franzino e extremamente habilidoso, conhecido como Pequeno Polegar e, para muitos corintianos, o maior jogador da história do time; além de Claudio Cristóvão Pinho, principal artilheiro do clube em todos os tempos (306 gols), e Baltazar, o Cabecinha de Ouro.

Entre os treinadores também havia rivalidade. Brandão comandava o Corinthians e Aymoré Moreira dirigia o Palmeiras. Eles se alternavam no comando das seleções paulistas e a imprensa gostava de inflamar essa disputa paralela.

Dirigentes, jogadores e treinadores buscavam todo tipo de proteção e força extracampo. Oficialmente, falava-se em promessas para santos protetores, visitas a igrejas, bênçãos de padres que eram torcedores das equipes.

A busca por forças alternativas também existia. Euclydes Barbosa, ex-zagueiro do Corinthians e do Vasco nos anos 1930 (jogou a Copa de 1938), que tinha o apelido de Jaú (uma provável referência ao hidroavião Jahu, no qual o comandante João Ribeiro de Barros fez a primeira travessia do Atlântico sem escalas, em 1927), após encerrar a carreira de atleta, começou a trabalhar como pai de santo. Correu pela cidade a notícia de que o Corinthians tinha encomendado a proteção de Pai Jaú para garantir a conquista. Preocupada, a direção do Palmeiras procurou contra-atacar no campo da espiritualidade e foi buscar o auxílio de Dona Rosa, mãe de santo conhecida na região de Parada de Taipas. Entre uma série de orientações sem nexo passadas por Dona Rosa, como treinar à noite e sem iluminação, duas eram ainda mais esquisitas: o Palmeiras, de cores verde e branca, deveria jogar com camisas azuis, para evocar a força da Squadra Azzurra, a seleção italiana; e o presidente do clube, Paschoal Giuliano, precisaria dar uma volta no gramado do Pacaembu com uma das pernas engessada.

Ante um público estupefato que lotava o Pacaembu, o Palmeiras entrou em campo com camisas azuis (o que voltaria a fazer em 2009, mas numa declarada homenagem a suas origens italianas), e o dirigente realmente engessou uma das pernas.

Do lado alvinegro, Oswaldo Brandão preferiu usar uma tática mais simples e direta. Ele sabia que existia desconfiança, inclusive entre alguns jogadores, por causa de seu passado como jogador e treinador do adversário. Trancou o time numa concentração, evitou contato dos jogadores com jornalistas, dirigentes e torcedores. Mas tirou da cartola uma sacada para motivar o time.

> "
> Sou Palmeiras, mas não quero nunca perder para eles! –
> bradou o treinador numa das últimas conversas com os
> jogadores antes de partir para o clássico.
> "

Com isso ganhou a confiança dos atletas, que, como muitos outros fariam futuramente, correram por Brandão. Luizinho fez 1 a 0 para o Corinthians, aos dez minutos do primeiro tempo, e Nei empatou o jogo aos cinco da etapa final. Era o que bastava para o Corinthians, que deixou o Pacaembu como campeão do Quarto Centenário, com os jogadores sendo literalmente carregados nos braços pelos torcedores, em desfile pelas ruas da cidade.

Os corintianos jamais poderiam imaginar que aquela seria a última festa que fariam por muito tempo. Circulam até hoje histórias fantasiosas envolvendo o que teria acontecido na batalha das forças ocultas do Quarto Centenário. Uma delas diz que a mãe de santo Dona Rosa, arrasada pelo fato de o trabalho encomendado pelo Palmeiras ter fracassado, teria jogado uma praga no Corinthians, segundo a qual o clube ficaria sete anos consecutivos sem ganhar títulos.

Outra versão afirmava que o próprio Pai Jaú, ainda magoado por um episódio de seus tempos de jogador corintiano, quando seu nome foi envolvido num suposto caso de suborno por um diretor do Palmeiras, enterrara um sapo no Parque São Jorge, estádio do Corinthians, para "amarrar" o time.

Praga ou mandinga não se pode provar, mas fato é que após a conquista de 1954 o Corinthians amargaria um longo período de provação, durante o qual o maior rival desfrutaria de inúmeras glórias, prolongando diretamente o sofrimento alvinegro. Como que a costurar o enredo dessa história envolvendo rivalidades, ocultismo, futebol, Corinthians e Palmeiras estaria um nome: Oswaldo Brandão.

Durante a campanha do Quarto Centenário, ele também foi responsável pela recuperação de um dos maiores ídolos do futebol brasileiro. O goleiro Gilmar dos Santos Neves estava em baixa no Corinthians. Havia sido responsabilizado por uma goleada de 7 a 3 para a Portuguesa, em 25 de novembro de 1951. Também foi acusado (embora jamais aparecessem provas) de ser "gaveteiro", termo usado para designar jogadores que aceitavam dinheiro para fazer corpo mole em alguns jogos. Quando chegou ao Corinthians, Brandão afastou Gilmar por um período, para poupá-lo da perseguição dos torcedores e da imprensa, e investiu em sua recuperação. Falecido em 2013, Gilmar, bicampeão mundial com a seleção brasileira e com o Santos, foi para muitos analistas o maior goleiro do Brasil e figura na lista dos muitos "filhos" de Oswaldo Brandão, com quem foi campeão do Rio-São Paulo de 1953 e paulista em 1954.

Como Brandão recuperou Gilmar? Usando seus métodos de paizão. Levava o goleiro para almoçar e jantar em sua casa, colocava-o sob o guarda-chuva de sua família e, com isso, evitava o assédio da imprensa. A ligação fez com que Gilmar, mesmo depois de casado, continuasse vendo a família de Brandão como uma extensão da sua.

Antes de entrar em seu inferno astral, o Corinthians ainda comemoraria uma conquista. As novas gerações de torcedores provavelmente não imaginam a importância dada pelos clubes de São Paulo à Taça dos Invictos. Era um troféu oferecido pelo jornal *A Gazeta Esportiva* para a equipe que acumulasse mais partidas sem derrota.

O Corinthians sustentava uma série invicta de 25 partidas, no período de 26 de julho a 1º de dezembro de 1956. No ano seguinte, iniciou-se uma nova série, e o Corinthians alcançou a marca de 24 partidas sem derrota e jogava pela manutenção e posse definitiva da taça, de acordo com o regulamento instituído pelo jornal em sua primeira edição.

Quem contou a história em seu blog foi o médico e jornalista Osmar de Oliveira. O calendário marcava para 3 de novembro de 1957 o clássico paulista no Pacaembu, entre Corinthians e Santos, cujo resultado definiria se o Timão seria ou não o dono da taça. O Corinthians usava como concentração uma chácara no bairro do Tremembé, Zona Norte de São Paulo. Para espantar o tédio, o passatempo preferido dos atletas era o baralho. Brandão não se concentrava com os jogadores, porque morava perto, no mesmo bairro.

Certa noite, o médico do Corinthians, Sérgio Bastos, telefonou para Brandão, pedindo ao treinador que fosse até a concentração porque havia um problema. Durante o carteado, sempre acompanhado de carteiras e carteiras de cigarro, um brincalhão havia aprontado o seguinte: colocou uma bombinha, das grandes, escondida sob a pilha de bitucas de cigarro em um cinzeiro. O artefato explodiu exatamente quando o lateral-direito Idário depositava as cinzas de seu cigarro após uma tragada. O estrago foi grande, e o médico vetou a escalação do jogador.

Brandão chegou irritado à concentração, reuniu os jogadores e cobrou:

"

Quem fez isso?

"

Silêncio.

"

Capita, quem fez isso? – repetiu, dirigindo-se a Cláudio Cristóvão Pinho, capitão do time, ídolo eterno dos corintianos.

"

Cláudio recusou-se a entregar o culpado, como bom líder que era.

Osmar de Oliveira relata os momentos que se seguiram desta forma:

"

Vocês são como filhos para mim, e o pai está decepcionado – disse Brandão. – Amanhã eu vou ficar na numerada, mas o time está escalado. No lugar do Idário joga quem colocou a bombinha no cinzeiro.

"

Na vaga da vítima da bombinha entrou Paulo, centroavante limitado, mas raçudo, para espanto dos torcedores que lotavam o Pacaembu. Como lateral-direito, pouca coisa poderia fazer, a não ser lutar e correr, sob o peso de ser o responsável pela ausência de Idário, um dos pilares da equipe, em virtude da brincadeira com a bombinha. O primeiro tempo terminou empatado em 2 a 2. No início da segunda etapa, Pelé fez 3 a 2 para o Santos. Nos minutos finais, o Santos se fechou para garantir o resultado, que tiraria a Taça dos Invictos do rival. A bola sobrou para um apavorado Paulo, no setor direito de ataque corintiano. Em desespero, a Fiel cobrava uma solução. Ele deu um chutão para a área. A bola quicou no gramado encharcado do Pacaembu, enganando o goleiro Laércio e decretando o empate por 3 a 3, que garantiu a posse definitiva da Taça dos Invictos para o Corinthians.

Identificado na numerada, Brandão foi saudado com gritos de "gênio" pelos torcedores. O que parecia uma estratégia era um dos muitos truques do treinador: confiar no acaso e provocar o caráter dos jogadores. O Corinthians ficou invicto por 35 partidas naquela temporada, e a lembrança desse feito, como de muitos outros capitaneados por Brandão, repousa na sala de troféus do clube.

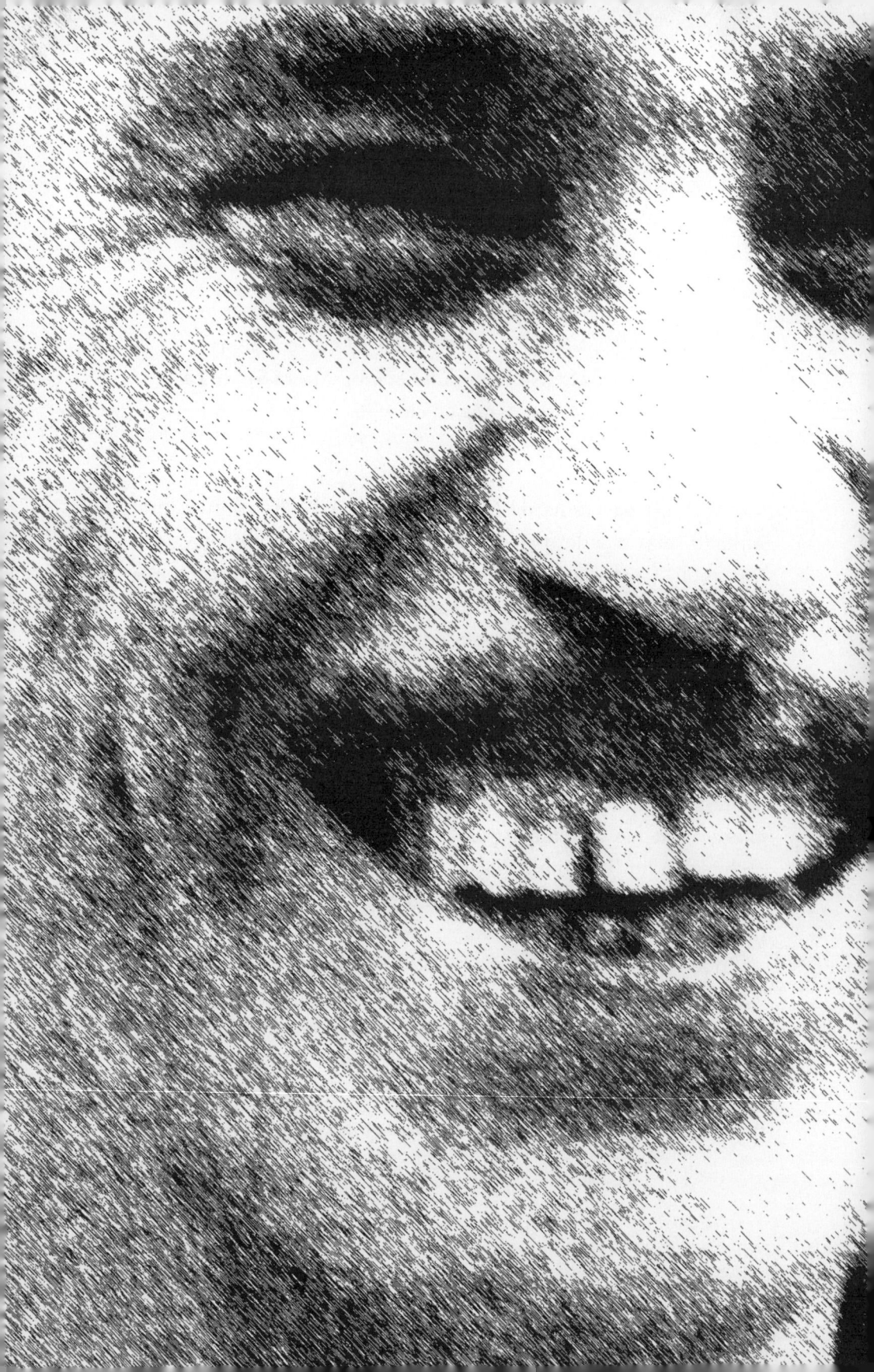

A grande mágoa

O futebol brasileiro vivia o ápice da crise existencial que o grande jornalista e dramaturgo Nelson Rodrigues chamava de "complexo de vira-latas" no final da década de 1950. O vexame na Copa de 1954, quando o Brasil levou um baile da Hungria e jogadores e até jornalistas apelaram, partindo para a briga após a derrota por 4 a 2, gerava dúvidas quanto ao real potencial dos brasileiros.

A indecisão se refletia na escolha dos treinadores da seleção. Em 1955, foram realizados quatro jogos oficiais pela equipe brasileira, que teve um treinador diferente em cada um deles: Brasil 1 x 1 Chile (Zezé Moreira), Brasil 2 x 1 Chile (Vicente Feola), Brasil 3 x 0 Paraguai (Flávio Costa) e Brasil 3 x 3 Paraguai (Oswaldo Brandão).

O calendário apontava para 1956 uma edição extra do Campeonato Sul-Americano de seleções, no Uruguai. Brandão foi designado treinador e, logo de cara, amargou a primeira derrota do Brasil para o Chile na história: 4 a 1, em 24 de janeiro de 1956. O fraco desempenho brasileiro, com dois empates, uma derrota e uma vitória, significou o terceiro lugar na competição, atrás do Uruguai e da Argentina, além da demissão de Brandão.

Veio o Campeonato Pan-Americano, disputado no México. O Brasil foi representado por uma seleção gaúcha, que trouxe o título, sob o comando de Teté (José Francisco Duarte Júnior).

A Confederação Brasileira de Desportos (CBD) vivia clima pré-eleitoral, com uma disputa que se anunciava ferrenha entre Carlito Rocha, folclórico presidente do Botafogo, e o jovem vice-presidente da CBD, de origem belga, chamado Jean-Marie Faustin Goedefroid Havelange. Ou, abrasileirando, João Havelange. Antes das urnas ainda havia compromissos dentro de campo. Embora vivesse um período de péssimos resultados e estivesse para sempre marcado pela derrota na Copa do Mundo de 1950, Flávio Costa, na época sem treinar nenhum time, ainda era muito respeitado e, nos bastidores, chamavam-no de "o dono do futebol brasileiro". Coube a ele a tarefa de levar a seleção brasileira para uma excursão à Europa, entre abril e maio de 1956. O time brasileiro derrotou Portugal, Áustria e Turquia, empatou com Suíça e Tchecoslováquia e amargou duas derrotas acachapantes para Itália (3 a 0) e Inglaterra (4 a 2). A repercussão entre imprensa e torcedores foi a pior possível. Como escreveu Mario Filho em sua obra clássica *O negro no futebol brasileiro*, "a derrota que nos doeu mais foi a de Londres. Ainda não tínhamos perdido o respeito colonial pelo inglês".

Aquela excursão ficou marcada pelo comportamento pouco profissional de alguns jogadores. Como o Brasil disfarçava mal um absurdo racismo enrustido, a "conta" terminou sendo apresentada a um atleta negro. Quem pagou foi o pobre Sabará, ponta-direita do Vasco da Gama. Mario Filho relata em seu livro a passagem na qual aristocráticas senhoras inglesas ficaram escandalizadas ao verem adentrar uma tradicional sala de chá de Londres um Sabará trajando "chinelo, toalha, macacão, camisa e gorrinho de marinheiro". O desfile de Sabará pela sala de chá inglesa custou a ele uma ausência de quatro anos nas listas de convocações da seleção brasileira. Ele só voltaria a ser convocado em 1960, para a disputa de cinco partidas, entre amistosos e jogos da Copa Roca e da Taça do Atlântico, que seriam sua derradeira contribuição à equipe nacional.

O clima azedara de vez para Flávio Costa após a excursão, principalmente porque seu maior rival, o paraguaio Fleitas Solich, vinha da conquista de um histórico tricampeonato carioca com o Flamengo, entre 1953 e 1955. A mídia e o povo do Rio, então capital federal, estavam com Solich, um treinador sensacional, apelidado O Bruxo. Ainda assim, Flávio Costa permaneceu na seleção até o final de 1956.

Apesar do fracasso no Sul-Americano extra de 1956, Oswaldo Brandão acumulava boas campanhas com o Corinthians, em São Paulo, e foi chamado pela CBD para disciplinar os jogadores e organizar a seleção. A missão: apagar a péssima impressão causada pela excursão à Europa. Uma das primeiras medidas de Brandão foi apresentar aos jogadores um pequeno documento de 12 tópicos que ele chamou de Normas de Conduta, que reunia as seguintes orientações para o comportamento dos atletas quando estivessem viajando com a seleção brasileira:

1. *Mantenha sempre limpo o seu alojamento.*
2. *Zele pela conservação de todo material esportivo.*
3. *Não fume em demasia.*
4. *Não jogue pontas de cigarros e fósforos no chão.*
5. *Observe rigorosamente todos os horários.*
6. *Procure o médico logo que sinta qualquer anormalidade física, seja de dia ou de noite.*
7. *Verifique as horas livres para jogos recreativos ou passeios, dosando sempre o seu desgaste físico.*
8. *Receba com espírito esportivo todas as ordens dadas pela direção.*

9. *Sua opinião é sempre valiosa e deve ser dada diretamente à direção.*

10. *Lembre-se de que está fora do seu país e nem tudo pode estar de acordo com seus hábitos.*

11. *Nunca se esqueça de que é um atleta escolhido entre os melhores para representar a* CBD *e que os seus atos, dentro e fora da concentração, nas horas de serviço e de folga, estão sendo observados e julgados por todos, que veem na sua pessoa um representante de sua família, de seu estado e de seu país.*

12. *Receba com bom acolhimento todos os representantes da imprensa escrita e falada, fazendo as suas declarações com moderação e observando sempre o horário estabelecido para tal.*

Qualquer semelhança com uma cartilha de comportamento para estudantes não era mera coincidência. O jogador de futebol brasileiro se enquadrava como um praticante do que se chamava profissionalismo marrom. Embora fosse de fato uma profissão, os jogadores não a encaravam como tal, segundo a visão de muitos treinadores, a começar por Flávio Costa.

"

Pretendem interpretar mal tudo que faço e digo. Se faço um estudo meticuloso, respeitoso, desde a maneira de o nosso jogador se vestir e se apresentar nos hotéis e nos coquetéis de recepções, condenam-me com bazófias, deturpando os fatos – desabafou Flávio Costa, em entrevista ao repórter Geraldo Romualdo da Silva, da Rádio Globo.

"

Era uma referência ao episódio envolvendo Sabará, em Londres, e também ao fato de o meia vascaíno Marciano e o ponta são-paulino Canhoteiro terem sido flagrados pelo treinador retornando embriagados à concentração.

Arquivo pessoal de Regina Brandão

Oswaldo Brandão em família,
com a esposa Luiza e os filhos
Márcio e Regina, nos anos
1950, quando dirigiu a seleção
brasileira duas vezes.

51

Mesmo sem contar com a preferência de Sílvio Pacheco, presidente da CBD, Brandão levou a seleção e as Normas de Conduta ao Campeonato Sul-Americano, marcado para o Peru. Com a bola rolando, embora o comportamento tenha sido exemplar, o futebol brasileiro esbarrou em Argentina e Uruguai, para quem perdeu – além de ter empatado por 1 a 1 com os donos da casa. Os 3 a 0 aplicados pelos argentinos sobre os brasileiros, em 3 de abril de 1957, pareciam definitivos para a trajetória de Brandão no comando da equipe nacional.

Mas não havia tempo para mudanças, pois em dez dias o Brasil disputaria a classificação (a primeira participação do Brasil nas Eliminatórias Sul-Americanas) para a Copa do Mundo de 1958, contra o Peru. Seriam duas partidas, em Lima e no Rio de Janeiro. No primeiro jogo, em 13 de abril de 1957, houve empate por 1 a 1. Em 21 de abril de 1957, diante de 120 mil pessoas no Maracanã, o craque Didi fez o gol solitário da vitória brasileira, eternizando a "folha seca", em cobrança de falta magistral. Explicava Didi que o efeito provocado por sua batida fazia com que a bola mudasse de direção como uma folha seca e enganasse o goleiro.

Brandão acreditava que por ter classificado o Brasil, ainda que sem produzir um grande futebol, receberia a oportunidade de comandar a equipe no Mundial da Suécia. Como estava confiante em permanecer no cargo, deu várias entrevistas criticando a falta de organização do futebol brasileiro.

"

Brandão teve a coragem que faltou aos outros e isso lhe foi fatal – escreveu Achiles Chirol, na edição de 26 de abril de 1957 do carioca *Correio da Manhã*.
O que disse Brandão? Que o Brasil necessita de um técnico permanente, que o calendário internacional deve ser antecipado e rigidamente organizado, que sem tempo não é possível preparar a seleção e que o atual esquema de concentração dos jogadores está superado – prosseguiu Chirol.

"

Segundo a reportagem do *Correio da Manhã*, o que determinou a saída do técnico foi uma sugestão feita por ele, a de extinguir o Conselho Técnico da CBD, que era formado pelos principais dirigentes da entidade.

"

Para eles [dirigentes], acostumados à subserviência dos treinadores, a declaração de Brandão soou como blasfêmia – afirmava a reportagem.

"

Quase 20 anos depois, em longa entrevista concedida às páginas amarelas da revista *Veja*, de 26 de fevereiro de 1975, Brandão voltou ao tema:

"

Eu perdi o comando da seleção brasileira em 1958 provavelmente por causa de uma entrevista que dei criticando a falta de organização. Sentia que os jogadores deveriam passar por exames mais minuciosos, que a organização do selecionado teria de ser mais completa. Portanto, eu briguei por mais organização.

"

Tudo isso contribuiu para a saída de Brandão, mas não foi apenas a entrevista. Os resultados e o desempenho da seleção não o ajudaram. Além de invenções típicas do estilo do treinador, como algumas tentativas de escalar o genial ponta-direita Garrincha pelo lado esquerdo do ataque, o que só atrapalhava o gênio das pernas tortas.

"

A maior mágoa do meu pai no futebol foi não ter dirigido a seleção brasileira na Copa de 1958. Ele nunca superou isso – diz Regina.

"

Armadilha do destino, o velho parceiro de noitadas de Brandão em Porto Alegre, Sylvio Pirilo, o sucedeu na seleção, ainda que por apenas quatro jogos. Um deles uma derrota para a Argentina por 2 a 1, em 7 de julho de 1957, no Maracanã, jogo que marcou a estreia de um garoto apelidado Pelé com a camisa do Brasil.

João Havelange foi eleito presidente da CBD com uma vitória esmagadora sobre Carlito Rocha. Ele convocou Paulo Machado de Carvalho, empresário e dirigente paulista ligado ao São Paulo Futebol Clube, para cuidar da preparação administrativa do Brasil rumo à Copa de 1958. Havelange queria Fleitas Solich para comandar o time, mas rendeu-se aos argumentos de que um estrangeiro não seria bem recebido pela crítica e pelos torcedores. Flávio Costa e Brandão eram considerados autoritários e centralizadores demais por Paulo Machado de Carvalho.

Embora tivesse posteriormente adotado muitas das ideias propostas por Brandão na entrevista que custou seu emprego, Carvalho convocou Vicente Ítalo Feola para o comando da seleção brasileira. Ambos se conheciam do trabalho no São Paulo, onde Feola tinha sido treinador e supervisor. Maleável, educado, bonachão, Feola jamais contestaria as determinações para a implantação do Plano Paulo Machado de Carvalho, que levaria o Brasil à conquista da primeira Copa do Mundo.

Longe da seleção, Brandão continuou somando conquistas ao seu currículo. Foi supercampeão paulista de 1959 com o Palmeiras, num jogo épico. Decidido numa melhor de três partidas que invadiu 1960, o torneio tinha o Santos de Pelé, Pepe, Coutinho e Zito, consagrado como um time espetacular, e o forte Palmeiras, com craques como Julinho Botelho, Chinesinho e Romeiro. Após dois empates, por 1 a 1 e 2 a 2, o Pacaembu recebeu as equipes para o tira-teima de 10 de janeiro de 1960. Eletrizante, o jogo estava empatado por 2 a 2 quando Romeiro, com um chute espetacular em cobrança de falta, fez o terceiro gol palmeirense, aos três minutos da etapa final. O título sempre foi considerado um dos mais importantes da carreira por Brandão.

"

Lembro que meu pai fez questão que fôssemos todos ao jogo, a família inteira no Pacaembu. Meu irmão era palmeirense, mas até mesmo eu, que sou corintiana, estava lá torcendo por ele e pelo Palmeiras – lembra Regina.

"

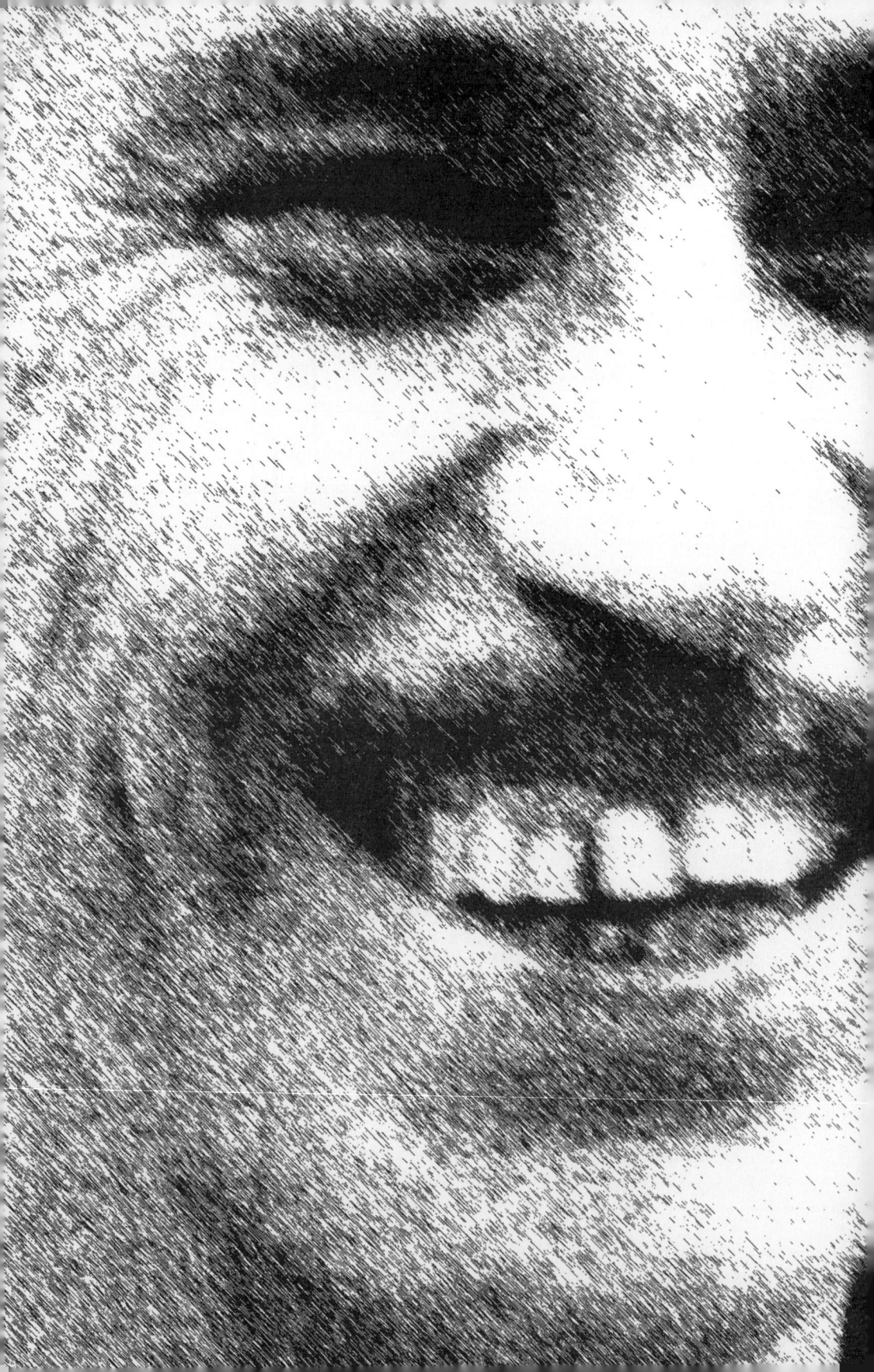

El Maestro
faz história

Santoro, Monges e Pavoni; Ferreiro, Pastoriza e Acevedo; Bernao, Savoy, Artime, Yazalde e Tarabini. Essa escalação povoa os sonhos dos torcedores do Club Atlético Independiente, da Argentina, um dos mais tradicionais e vencedores times de futebol do mundo. Entre outras glórias, é o maior ganhador da Taça Libertadores da América, com sete títulos. A escalação dos devaneios dos torcedores diablos rojos é a do time vencedor do primeiro Campeonato Nacional do futebol argentino, disputado em 1967. Oswaldo Brandão era o maestro por trás desse time que conseguiu o aproveitamento de 86,67% dos pontos disputados (que segue sendo a melhor campanha da história do futebol profissional na Argentina até a data de impressão deste livro). Foram 15 jogos, 12 vitórias, dois empates e apenas uma derrota. As vitórias ainda não valiam três pontos, e o Independiente conquistou 26 de 30 disputados.

Antes da campanha histórica de 1967, Brandão já havia passado sem brilho pelo Independiente, em 1961, contratado pelo presidente Aurélio Demaría. Ele havia sido orientado por um influente conselheiro do Palmeiras, Waldemar Campos, a trabalhar por um tempo fora do Brasil quando conquistou o título nacional de 1960 pelo Verdão. Campos indicou, então, o Independiente, onde tinha amigos. Na gestão de Carlos Radrizzani, em 1967, o treinador, já consagrado no Brasil, foi chamado de volta ao clube da cidade de Avellaneda.

> "
> Brandão ganhou um lugar privilegiado no coração dos
> torcedores do Independiente e uma enorme porção de
> respeito entre os simpatizantes e amantes do futebol de toda a
> Argentina – atesta Julio Grondona, presidente da Associação
> de Futebol Argentino, que era diretor do Independiente na
> década de 1960.
> "

Grondona considera Brandão "um dos dois ou três melhores técnicos que o Independiente já teve". Além disso, guarda do treinador brasileiro a lembrança de um sujeito prático e amável no relacionamento com as pessoas, sem jamais perder a autoridade.

> "
> Brandão era austero, de palavras medidas. Quando falava,
> não voava uma mosca. Inspirava tamanho respeito, que era
> impossível encontrar no vestiário uma toalha, uma atadura ou
> uma caneleira pelo chão.
> "

Como destaca Grondona, Brandão se fazia compreender mesmo falando um castelhano cheio de erros e pontilhado de palavras em português.

"

Foi um grande estudioso da tática e da técnica.
Mas, principalmente, das relações humanas –
destaca o dirigente argentino.

"

Pelo menos no futebol o argentino trata o passado com mais respeito que o brasileiro. Cultua os grandes nomes, ainda que sejam do país vizinho. Uma breve viagem no tempo prova isso. Em sua edição de 20 de julho de 2002, o *Clarín*, principal jornal argentino, publicou uma reportagem de uma série chamada "As grandes equipes do profissionalismo". O título era "Brandão armou um balé". Assinado por Pedro Uzquiza e Oscar Barnarde, o texto conta a história da formação do grande time do Independiente em 1967 e reverencia Brandão. "Em apenas um ano de trabalho, Brandão deixou um time campeão e, sobretudo, uma lembrança inesquecível como ser humano", escreveram os jornalistas argentinos.

Observador sagaz e profundo conhecedor de jogadores, o treinador brasileiro praticamente não mexeu no time do Independiente quando foi contratado. Apenas incorporou um garoto chamado Hector Casimiro Yazalde, de apelido Chirola, que era do Piraña, extinto clube da quarta divisão argentina. Yazalde foi uma aposta certeira de Brandão, marcando dez gols em nove jogos. O artilheiro da temporada, com 11 gols, foi Luís Artime, que posteriormente Brandão treinaria no Palmeiras. No gol estava Pepe Santoro, ídolo do clube. Nas palavras dos jornalistas argentinos do *Clarín*:

> Brandão impôs um futebol ofensivo, com quatro atacantes, ficando apenas Mura mais recuado para acompanhar Pastoriza no meio-campo. Roberto Pipo Ferreiro e o uruguaio Pavoni se encarregavam de marcar pelas laterais, e Pavoni também tinha grande facilidade para atacar. O paraguaio Monges se impunha com facilidade para o jogo aéreo e defendia a área de Pepe Santoro.

59

A consagração desse time histórico veio diante do maior rival, o Racing, vizinho de cidade, que ostentava o título de campeão mundial daquele ano (em 18 de novembro de 1967, o time argentino venceu o Celtic, da Escócia, por 1 a 0, no jogo desempate realizado em Montevidéu, Uruguai, após uma vitória de cada equipe nas partidas realizadas em Glasgow e Buenos Aires), no clássico de Avellaneda. Na rodada final do campeonato, em 17 de dezembro de 1967, o time de Brandão se impôs por 4 a 0, com gols de Artime (2), Tarabini e Raúl Savoy. O sistema de disputa era de pontos corridos e, na rodada anterior, o Independiente havia derrotado o River, no Monumental de Nuñez, por 2 a 0. Estudiantes de La Plata (que terminaria o torneio invicto) e Boca empataram sem gols e, na última rodada, mesmo vencendo o River por 2 a 1, o Estudiantes não conseguiu alcançar o Independiente.

Apesar da conquista, Brandão não se entendia com o presidente do Independiente, Carlos Radrizzani. O treinador não aceitava as tentativas de interferência do dirigente. Ao final do jogo contra o Racing, correu para o vestiário. Todos os jogadores do time desceram para resgatá-lo de seu breve exílio. Voltou ao gramado nos ombros de David Acevedo. A torcida, que lotava o estádio, foi ao delírio. Mas a decisão estava tomada. No dia seguinte, Brandão embarcou de volta para o Brasil em um navio chamado Monte Ume com destino a Santos. No porto de Buenos Aires, foi saudado por uma multidão de torcedores do Independiente. Em entrevista à revista argentina *Gente*, edição de dezembro de 1967, Brandão deixou claro por que estava saindo:

"
Tive problemas com um dirigente e não admito interferência em meu trabalho. O time dirijo eu.
Esse dirigente era Carlos Radrizzani? – perguntou o repórter.
Claro, Radrizzani. Mas isso não tem importância. O que importa é que fomos campeões, marcando muitos gols. Vou embora muito feliz e, além do mais, jamais me esquecerei disso – acrescentou, apontando para a multidão de torcedores que pedia sua permanência.
"

À frente estavam os jogadores do Independiente. Todos.

Brandão teve várias propostas de outras equipes argentinas para permanecer no país. Não aceitou por respeito aos amigos do Independiente.

> "
>
> Se não voltarei ao Independiente, como posso dirigir outro time? Como posso jogar contra os meninos? Não! Isso terminou. Esta noite bebo uma garrafa de uísque e esqueço do futebol. Sim, uma garrafa inteira – disse Brandão à *Gente*.
>
> "

Segundo o repórter Mario Macas, autor da reportagem, ao ouvir essas palavras, o goleiro Pepe Santoro desatou a chorar, do alto de seu 1,85 metro.

Os problemas de Brandão com Radrizzani eram anteriores a 1967. Começaram em sua primeira passagem pelo clube, em 1961, quando o dirigente ainda não era presidente, mas dava seus palpites. Quem conta é Jesús Roldán, jogador do Independiente:

> "
>
> Radrizzani disse a Brandão que o terceiro time do Independiente era melhor que o titular, inclusive propôs um desafio entre as equipes. Don Oswaldo não quis, mas Radrizzani insistiu tanto, que o jogo foi marcado. Ganhamos por 2 a 0. Depois fomos jogar em Tucumán e perdemos o jogo. Brandão já não estava, mas Radrizzani foi. Ele nos criticou por supor que não colocamos o mesmo entusiasmo de quando éramos treinados por Brandão. Por essas coisas é que Don Oswaldo foi embora.
>
> "

Outra prova do afeto dos jogadores é este depoimento de Raul Bernao, um dos craques do time, no dia da despedida:

"

Brandão é um homem muito reto. Ofereceram-lhe muito dinheiro, de toda parte, mas ele não quis aceitar. Sabe por quê? Para não trabalhar contra nós. Isso não tem preço.

"

E de outro craque, David Acevedo:

"

Brandão é muito mais que um técnico. É quase um pai. Preocupa-se com nossos problemas e os soluciona. Vai embora por problemas com os dirigentes. O presidente [Radrizzani] ofereceu um jantar pelo título, mas não fomos. Queríamos nos divertir com Don Oswaldo.

"

O Independiente sempre esteve na memória de Brandão. Principalmente através dos churrascos, que ele adorava fazer e cuja qualidade aprimorou com os argentinos. Brandão também sempre esteve na memória do Independiente.

"

Quando soube da doença de Don Oswaldo, a primeira coisa que fiz foi contatar pessoas ligadas ao futebol brasileiro e me colocar à disposição dele e de sua família. Não foi um gesto de demagogia política pequena, mas o sentimento de alguém que entendia estar em dívida com um homem que havia feito muito feliz ao clube de seus primeiros amores – explica Julio Grondona.
A notícia da morte de Don Oswaldo me causou uma enorme tristeza, uma profunda comoção. Até o dia de hoje posso dizer que ainda não assimilei o golpe – disse Grondona, em conversa por e-mail com o autor deste livro, em 2008.

"

Brandão, ao lado da esposa Luiza, se despede
da torcida do Independiente, a bordo do navio
que o levaria a Santos, em 1967.

Em 2005, quando o Independiente completou cem anos, a direção do clube fez chegar à família de Oswaldo Brandão uma placa, uma singela homenagem ao maestro condutor do maior time da história daquela instituição.

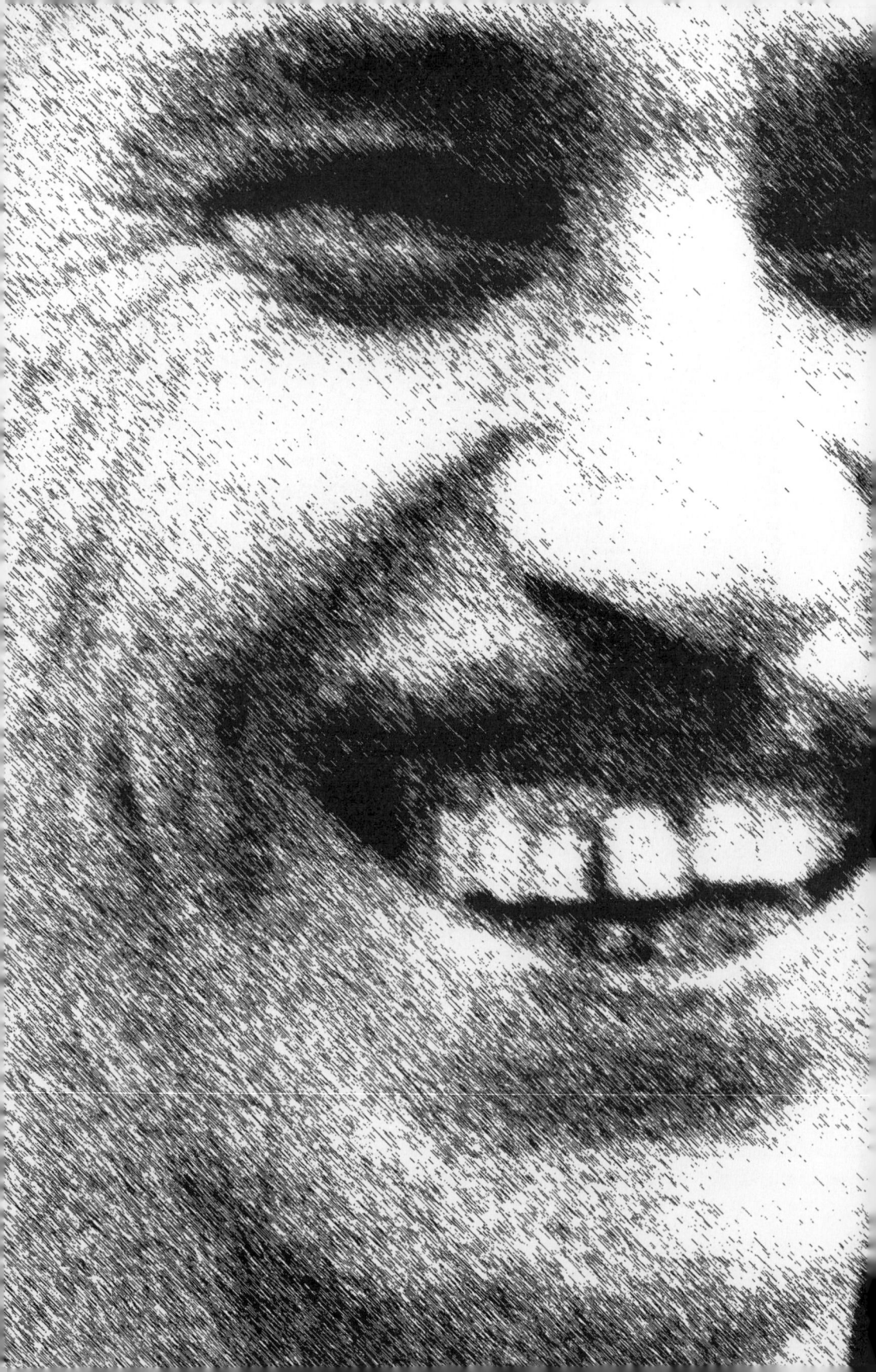

No rádio, na faculdade e no Uruguai

Enquanto curtia seus períodos longe da função de técnico de futebol, abatido pela desilusão com o meio, Brandão realizou alguns trabalhos como comentarista no rádio e na TV. Um dos mais marcantes foi pela Rádio Tupi de São Paulo, integrando a famosa Equipe 1040 (prefixo da emissora).

A contratação de Brandão foi sugerida pelo diretor-geral da rádio, Hélio Ribeiro, ao chefe do departamento de esportes, Milton Camargo. A primeira tentativa foi transformar o treinador em um comentarista tradicional, analisando partidas e comentando assuntos do futebol nos programas. O problema era que Brandão tinha enorme dificuldade para se expressar e completar os raciocínios, não era um comentarista nato diante do microfone. Simplesmente não conseguia transmitir seu conhecimento de futebol daquela forma.

Foi então que Hélio Ribeiro, um dos grandes gênios do rádio brasileiro, teve uma grande sacada.

"

Ele sugeriu a criação de uma seção chamada 'Pergunte ao Brandão'. Na prática, os profissionais da rádio, repórteres, apresentadores e comentaristas faziam perguntas ao Brandão, e ele respondia. Foi uma solução genial do Hélio Ribeiro para deixar o Velho Mestre mais à vontade ao microfone – lembra o jornalista Lucas Neto, um dos integrantes da Equipe 1040.

"

Brandão estreou como comentarista da Tupi de São Paulo em 2 de fevereiro de 1969. Sua contratação foi um grande sucesso entre os ouvintes da rádio, que tinha enorme audiência. Com o tempo, a atuação do treinador e comentarista ficou mais sofisticada. Os jogadores e treinadores passaram a fazer perguntas ao comentarista famoso. O funcionamento era simples. Após a partida, um dos repórteres da Tupi abordava um jogador ou treinador previamente selecionado, geralmente o destaque da partida ou o atleta mais conhecido, que gravava uma pergunta do tipo: "Brandão, aqui é o Paraná. Quero saber o que você achou da minha atuação no jogo de hoje."

Simultaneamente ao trabalho como comentarista de futebol, Brandão acumulou uma função que é pouco conhecida em sua carreira. Ele dava treinamentos e algumas vezes dirigia o time de Engenharia Civil da Fundação Armando Álvares Penteado (Faap), onde estudava seu filho, Márcio.

"

Era um grande barato. Dá para imaginar como nós, jovens universitários que gostávamos de jogar futebol, nos sentíamos sendo treinados pelo Brandão? – pergunta Augusto Cid Otero, que era um dos volantes do time.

"

Como vai a Seleção?
Pergunte ao Brandão!

Para driblar a falta de naturalidade do treinador ao microfone, a Rádio Tupi criou o "Pergunte ao Brandão".

Brandão levava a coisa a sério. Algumas vezes até demais. Foi o que aconteceu, segundo a memória de Otero, numa final de torneio universitário reunindo Faap e Mackenzie, uma grande rivalidade no meio acadêmico paulistano.

"

O jogo estava muito equilibrado, e o Brandão, que conhecia todo mundo no futebol, já tinha nos alertado que o juiz complicaria o jogo por causa da presença dele no banco. Dito e feito, o juiz apitava todas as faltas do nosso time e deixava passar tudo para o adversário. A certa altura do jogo, o Brandão invadiu o campo, foi reclamar com o juiz, que o expulsou. Na saída, ele passou pelo nosso ponta-esquerda e disse: 'Pode bater nesse juiz, que ele é um ladrão' – conta Otero.

"

Embora a atividade como treinador universitário fosse efêmera, o sucesso no rádio continuou. Mas Brandão não conseguia ficar longe do futebol profissional. Em julho de 1969, ele foi contratado pelo Peñarol, do Uruguai.

As controvérsias com jogadores e dirigentes brasileiros foram coisa de jardim de infância perto do que Brandão enfrentou no Peñarol. Ao ser contratado, em 28 de julho de 1969, o treinador brasileiro deixou clara sua intenção em entrevistas aos jornais de Montevidéu. Ele queria renovar o elenco, que considerava envelhecido. Projeto que envolvia veteranos que eram ídolos consagrados da equipe: Hector Silva, Abbadie, Cortés e Luís Varela, grandes nomes do futebol uruguaio, e os craques peruanos Joya e Spencer.

Brandão, como sempre, centralizava tudo, da preparação física à alimentação. Aplicou treinamentos em dois períodos e mexeu com privilégios, o que gerou revolta. Um dos mais inconformados foi Hector Silva, que posteriormente jogaria no Palmeiras, na Portuguesa e no Fluminense. Em entrevista ao semanário *Peñarol Verdad*, no ano 2000, ele destilou mágoa, mesmo depois de 31 anos.

"

O treinamento físico era das 8 às 11 da manhã. O almoço era um churrasquinho, uma saladinha e doce de leite com água mineral. O chimarrão foi proibido, assim como qualquer tipo de refresco. Não havia mais o tradicional rachão, o jogo de baralho, e nossa grande mesa na hora do almoço foi proibida. Sentávamos em duplas. Terminávamos de almoçar e ele nos mandava correr por duas horas. Depois, mais duas horas de trabalho no campo, sem descanso, a bola não parava nunca. Depois do banho, voltávamos de ônibus para a sede e só chegávamos às nossas casas às 7 da noite. Imagine um treinamento desses para jogadores como o Pardo [Julio Cesar Abbadie, atacante uruguaio, idolatrado pela torcida do Peñarol, que jogou a Copa de 1954 e também atuou pelo Gênova e pelo Lecce, da Itália], Spencer e Joya, com 30 e poucos anos. Até os mais jovens saíam mortos.

"

Abbadie completaria 39 anos em setembro de 1969. Joya tinha 35, Spencer faria 32 e Hector Silva tinha 29 anos. Eram os "donos" de um time que tinha jogadores que passariam para a história do Peñarol, como o meia Pedro Rocha, o lateral Pablo Forlán, o goleiro Ladislao Mazurkiewicz e o zagueiro chileno Elias Figueroa.

Com o clima cada vez mais pesado entre Brandão e os veteranos, o Peñarol perdeu o grande clássico para o Nacional por 2 a 0, em 28 de setembro de 1969. Fazia 9 anos que a equipe não era derrotada pelo maior rival. Havia jogadores no elenco, como Pedro Rocha e Forlán, que jamais tinham perdido uma partida para o Nacional no Campeonato Uruguaio. Chamado nos minutos finais, quando o jogo já estava perdido, Abbadie, o Pardo, sentiu-se humilhado pelo treinador e abandonou a equipe.

Ainda em 1969, o Peñarol conseguiria o título da Supercopa da Libertadores da América, deixando pelo caminho Santos, Racing e derrotando na final o Estudiantes de La Plata. A conquista deu crédito a Brandão, que prosseguiu com a renovação, mas de maneira mais prudente, mesclando a juventude com atletas experientes.

Em 1970, o Peñarol chegou à final da Taça Libertadores da América. Na decisão, novamente contra o Estudiantes de La Plata, perdeu por 1 a 0 na Argentina e empatou sem gols em Montevidéu, jogando um futebol de velocidade e agressividade e desperdiçando várias chances de gol.

Apesar dos bons resultados, o ambiente não era propício para a permanência de Brandão, e seu compromisso com o Peñarol terminou em 31 de maio de 1970. No entanto, a animosidade prosseguiria.

Levantou-se no Uruguai uma teoria da conspiração, segundo a qual Brandão teria ido trabalhar no país para espionar a seleção Celeste e prejudicar jogadores importantes. Tudo porque a imprensa uruguaia lembrou que Brandão havia integrado a Cosena (Comissão Selecionadora Nacional), um triunvirato criado pela CBD em 1968 para dirigir a seleção brasileira, presidido por Paulo Machado de Carvalho, o Marechal da Vitória nas Copas de 1958 e 1962, tendo como treinador Aymoré Moreira e Brandão no cargo de orientador.

De acordo com a teoria uruguaia, Brandão tinha a missão de castigar fisicamente os jogadores mais velhos do Uruguai para que eles chegassem ao Mundial de 1970 em frangalhos. O principal porta-voz dessa corrente era Hector Silva.

"

Não sei, mas acho que esse homem veio destruir a equipe. Inclusive prejudicou a seleção, porque o Uruguai não tinha atacantes – disparou.

"

Curiosamente, Hector Silva voltaria a trabalhar com Brandão no Palmeiras, em 1971, mas por apenas cinco partidas, no final da temporada.

Quando o Brasil derrotou o Uruguai na semifinal da Copa do Mundo de 1970, a tese conspiratória ganhou força na banda oriental. Houve até um movimento propondo a expulsão de todos os treinadores estrangeiros que trabalhassem no país, acusando-os de espiões e citando nominalmente Brandão e os irmãos Aymoré e Zezé Moreira.

De fato, Brandão e os irmãos Moreira trabalhavam como observadores para a CBD e produziram relatórios alertando sobre a necessidade de se aprimorar o preparo físico na Copa de 1970. Mas o motivo do conselho não era o Uruguai, e sim a capacidade física das principais seleções europeias.

Apesar dos muitos detratores no Peñarol, Brandão também teve defensores no elenco, como o goleiro Ladislao Mazurkiewicz, que jogou no Atlético Mineiro e enfrentou o Brasil na semifinal da Copa do Mundo de 1970. Seu depoimento ao livro *História de Peñarol* é contundente:

Brandão teve muitos problemas no Peñarol. Nesta foto ele está no banco do passageiro do carro, no dia em que deixou o clube. Os jogadores aplaudem, mas devido aos atritos, é difícil saber se o aplauso é de reconhecimento ou de alívio.

"

Eu sempre disse a verdade, de frente, a quem quer que seja. Por isso, não tenho problema algum em afirmar que Brandão foi um excelente técnico. Um homem que sabia uma enormidade de futebol, inteligentíssimo para planejar e executar em campo o que se fazia nos treinamentos. Não sei o que aconteceu com Brandão no Peñarol. Eu nunca vi nada absurdo, fora do normal.

Para mim ele sempre será um cavalheiro e um treinador de altíssimo nível. Em 1970, foi vice-campeão da América jogando com sete ou oito reservas. Disputamos as partidas semifinais e finais com Ariel Pintos [goleiro] atuando praticamente com uma perna apenas e com vários garotos sem experiência, como Peralta e Losadas. Mesmo assim, perdemos a final para o Estudiantes no detalhe. E o time do Estudiantes estava no auge e completo.

"

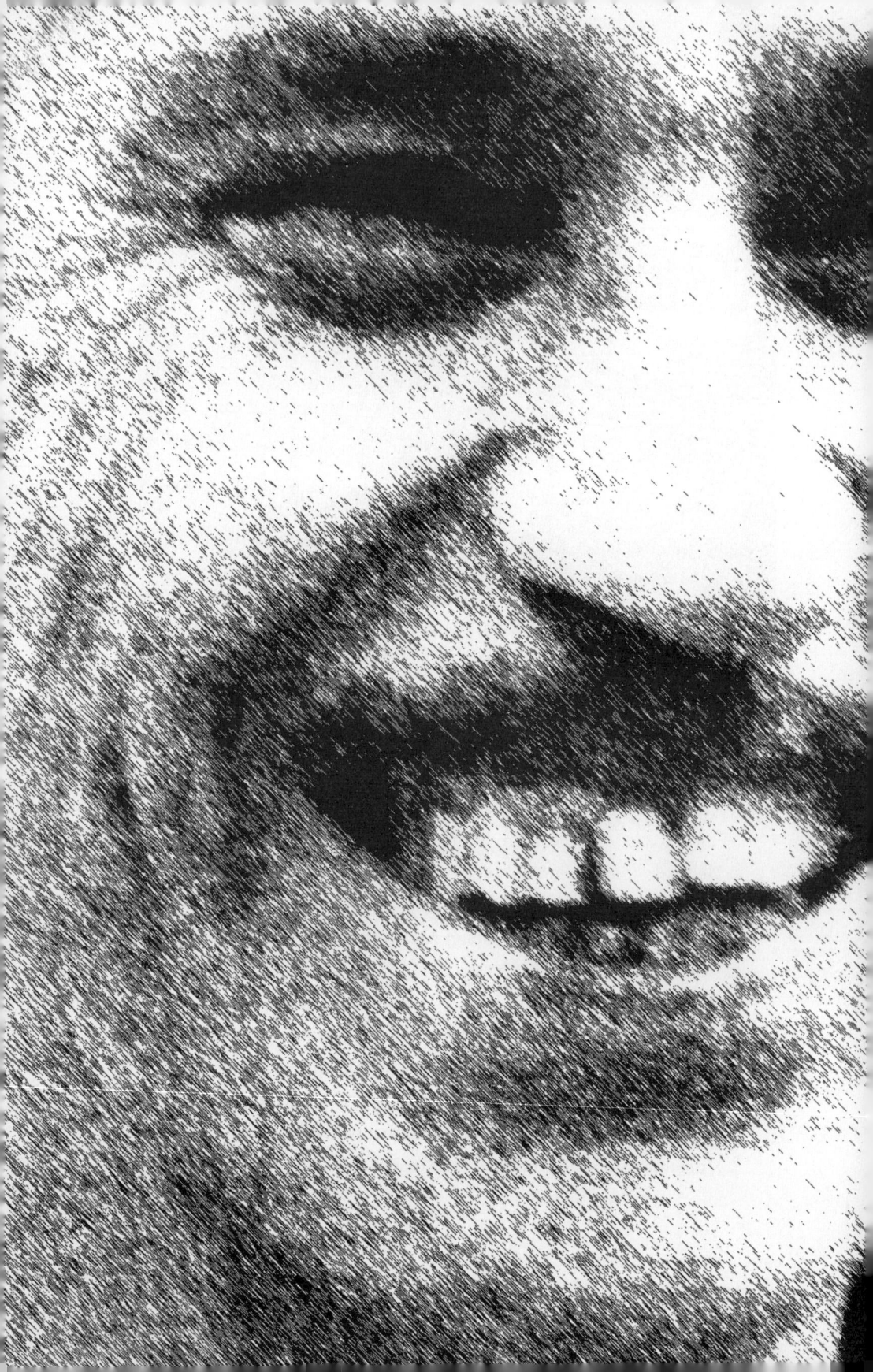

Fala, Papagaio!

Após viajar para o México para assistir à Copa do Mundo de 1970, Brandão retornou ao Brasil e foi convidado para assumir o comando técnico do São Paulo. Ele já havia passado pelo clube em 1963, sem grande sucesso. O treinador destacava dois acontecimentos em sua primeira passagem pelo Tricolor do Morumbi. O primeiro era ter participado da Pequena Copa do Mundo de 1963, em Caracas, na Venezuela, ano em que o craque argentino Alfredo di Stéfano, que disputava o torneio pelo Real Madrid, foi sequestrado por um revolucionário venezuelano chamado Paul del Rio. Levado do hotel em que estava hospedado em Caracas, no dia 24 de agosto de 1963, foi libertado três dias depois, ileso. O motivo do sequestro era chamar a atenção do mundo para a desigualdade nos países sul-americanos.

Brandão também gostava de citar uma vitória sobre o Santos por 4 a 1, no Pacaembu, em 15 de agosto de 1963. O São Paulo abriu 4 a 1 em cima de Pelé e companhia em apenas

53 minutos de jogo. O primeiro tempo terminou 3 a 1 para o Tricolor, com Coutinho e Pelé excluídos (ainda não havia os cartões amarelo e vermelho) pelo árbitro Armando Marques, após reclamarem ostensivamente do terceiro gol são-paulino. Na saída para o intervalo, Brandão alertou seus jogadores:

"

Esse jogo não vai acabar. O médico do Santos, Nelson Cosentino, me disse que eles vão melar o jogo.

"

O Santos voltou com oito jogadores (além das expulsões, o lateral Aparecido ficou no vestiário). Após uma disputa com Bellini, Pepe alegou contusão e também deixou o campo. Pagão, ex-Santos, ainda teve tempo de fazer o quarto gol, aos oito minutos da segunda etapa. Logo depois, Dorval também saiu, sob o argumento de contusão. A partida ficou marcada para os santistas pela reclamação contra a arbitragem, e para os tricolores como o dia em que o Santos fugiu de campo, com Pelé e tudo. Brandão adorava lembrar essa história, mas o campeão paulista da temporada foi o Santos, com o São Paulo em segundo lugar.

No retorno ao Morumbi, Brandão encontrou um clima muito mais favorável do que quando treinou o time em 1963. O Tricolor vinha da conquista do estadual em 1970, encerrando um período sem títulos que vinha desde 1957 (coincidentemente, o time tinha sido campeão em cima do Corinthians, dirigido por Brandão). O estádio do Morumbi estava pronto e o clube projetava uma era de glórias.

A equipe aliava raça e talento. O destaque era o meio-campo, com Edson, Gérson, o Canhotinha de Ouro, e o craque uruguaio Pedro Rocha, que Brandão havia treinado no Peñarol, assim como o lateral-direito Pablo Forlán. O sistema de jogo adotado naquele período era o 4-2-4. Embora no papel houvesse apenas dois jogadores de meio-campo, Pedro Rocha era um meia talentoso, criativo e goleador. O ataque contava com os ponteiros Terto, pela direita, e Paraná do lado esquerdo, além do grande centroavante Toninho

Guerreiro. Terto e Paraná se revezavam na função de terceiro homem de meio-campo.

O Tricolor disputava o título ponto a ponto com o Palmeiras. O sistema de classificação era por pontos perdidos. O São Paulo tinha oito pontos perdidos e o Palmeiras, nove. A rodada final aconteceu em 27 de junho de 1971, com o Morumbi recebendo uma rodada dupla. Na preliminar, o Juventus venceu o São Bento por 2 a 0. No jogo de fundo, o Tricolor poderia empatar para ficar com o título. Toninho Guerreiro fez 1 a 0 para o São Paulo, aos cinco minutos do primeiro tempo. Na segunda etapa, o palmeirense Leivinha empatou o jogo com um gol de cabeça, anulado de forma equivocada pelo árbitro Armando Marques, argumentando toque de mão. Como poderia até empatar e sustentou o resultado, o São Paulo comemorou o bicampeonato paulista, o único título de Brandão pelo Tricolor.

O sucesso não impedia que o treinador fosse alvo de muitos comentários de jogadores, dirigentes e jornalistas que não gostavam de seus métodos. A coleção de inimigos e detratores era numerosa. Durante sua segunda passagem pelo São Paulo, uma das histórias levantadas era de que, na verdade, quem orientava o time era Gérson. Brandão ordenava nas palestras; mas, quando o time entrava em campo, Gérson mandava fazer tudo diferente.

Articulado, inteligente, craque de bola, Gérson falava pelos cotovelos dentro de campo e ganhou dos jogadores o apelido de Papagaio. Verdade ou mentira? Com a palavra, o Papagaio:

"

É mentira! Eu era jogador. Quem escalava era ele, que facilitava para todo mundo. A gente discutia o que era melhor. Ele pedia a palavra e perguntava: 'Entenderam? Alguém com dúvida? Não está bem dessa maneira?'

"

Gérson conta que durante os treinamentos existia liberdade para que os jogadores argumentassem e sugerissem alternativas.

75

"

A gente chegava nele e falava: 'Brandão, assim não está dando, vamos tentar dessa maneira.' Ele respondia: 'Então faz de outro jeito.' Por isso, foi campeão absoluto. No Corinthians, no Palmeiras, argumentando, amigo de todo mundo e discutindo, conversando o esquema melhor para o andamento do time.

"

Ao contrário do que pregava a teoria propagada não se sabe por quem, Gérson desenvolveu um forte laço afetivo com Brandão.

"

Quando algum atleta se machucava, ele ia ao departamento médico, olhava o tratamento, perguntava se poderia ajudar. Uma época, minha filha teve um problema de saúde, precisou ser internada várias vezes no hospital infantil Darcy Vargas, que ficava perto do estádio do São Paulo. O Brandão ficava a noite inteira comigo no hospital. Ele era um pai para todo mundo.

"

Outra característica de Brandão destacada por Gérson era o pensamento coletivo.

"

Ele não gostava de dizer eu fiz, eu ganhei. Ele dizia sempre nós. Todo mundo adorava. O Brandão podia dizer que era amigo e companheiro dos jogadores. Era chefe, mandava, mas dividia com todo mundo. Quem jogou com ele, gostou dele.

"

Mesmo depois que o meia deixou o clube do Morumbi e retornou ao Rio de Janeiro, parou de jogar e desenvolveu uma sólida carreira de comentarista de rádio e TV, a amizade continuou.

"

A gente se falava sempre por telefone. Eu perguntava como estava
o filho dele, que era muito amigo da gente também. Vivia lá no
São Paulo, almoçava com a gente. Depois ele teve um baque
terrível quando o menino faleceu. Tentávamos ajudá-lo da melhor
forma a passar por isso. Só quem passou por isso sabe o que é.

"

Ao lado de Gérson no meio-campo são-paulino estava Édson,
um jogador versátil, extremamente técnico, que também atuava, e
bem, como lateral-esquerdo. Ele ficou mais conhecido no meio do
futebol como Édson Cegonha. Era um dos jogadores que Brandão
costumava levar para todo canto em que trabalhasse, como o ponta-direita Lanzoninho (quando parou de jogar passou a atuar nas
comissões técnicas de Brandão na busca de jovens jogadores). Édson
esteve com o treinador no Corinthians, no Palmeiras e no São Paulo,
o que bastou para que aparecessem suspeitas de que haveria algo estra-
nho. Jogadores e dirigentes, pedindo anonimato, acusavam Brandão
de ficar com um percentual do valor do passe dos jogadores que
indicava, citando o caso de Édson como exemplo.

"

Pergunto: se eu comprei e vendi tantos jogadores, será que nunca
apareceu nenhum para contar a um dirigente ou a alguém que
eu havia levado parte de seu dinheiro? O caso de Édson, por
exemplo, que eu sempre levei para os clubes que dirigi. Se eu
tivesse ficado com uma parte de seu dinheiro, não era o caso
de ele estar sempre exigindo ser escalado na equipe titular? No
entanto, ele vive na reserva... Falar é fácil, mas falar *vis-à-vis*
ninguém fala. E, pelas costas, eu não ligo. Já falaram tanta coisa de
mim... – foi a resposta de Brandão à revista *Veja* em 1975.

"

O que Brandão fazia mesmo era interferir na contratação e nos salários dos jogadores, o que irritava muita gente. Ele determinava quem deveria ter contrato renovado, quem merecia aumento, quem seria emprestado ou demitido. Costumava convencer os dirigentes com argumentos ao seu estilo:

> "
>
> Para que dar aumento para o 7, se quem ganha os jogos é o 10? Dê aumento para o 10 – dizia aos diretores dos clubes, usando a numeração dos times.
>
> "

Em sua rápida segunda etapa no São Paulo, o treinador conheceu um parceiro que o acompanharia por muito tempo, o preparador físico Hélio Maffia. O início da convivência, porém, não foi nada fácil. Maffia trabalhava no São Paulo, tinha participado da campanha da conquista do título paulista de 1970, com o treinador Zezé Moreira. Brandão foi contratado durante o período de férias dos jogadores, em janeiro de 1971. Quando foi assinar contrato no Morumbi, passou por Maffia na entrada do estádio e deu apenas boa-tarde, ríspido.

> "
>
> Eu virei para o porteiro e disse: 'Perdi o emprego' – recorda, bem-humorado, o preparador físico.
> O Brandão era assim mesmo, meio seco, às vezes parecia até grosseiro, mas era o jeito dele. Quinze minutos depois ele me chamou para uma reunião, apresentou-se e foi dizendo: 'Professor, eu vou ver como o senhor trabalha. Se eu não gostar, o senhor não vai ficar triste, mas eu vou trocá-lo.' Saí de lá com a certeza de que seria demitido.
>
> "

Mas não foi. O trabalho era puxado, em dois períodos, e não havia muita conversa. Maffia achava que estava sendo fritado.

O futebol visto por dentro

O TÉCNICO DA SELEÇÃO FALA DOS PROBLEMAS
DO FUTEBOL BRASILEIRO E DE
COMO PRETENDE MONTAR A EQUIPE DE 1978

Por Armando Salem e Fernando Sandoval

Tido por muitos como um dos maiores técnicos da atualidade e, por outros, apenas como mais um dos inúmeros escaladores de time que perambulam pelo Brasil, mas reconhecido unanimemente como um dos profissionais de maior vivência no futebol brasileiro, Oswaldo Brandão chegou, finalmente, à seleção brasileira. Aos 59 anos, contidamente satisfeito com a sua nova condição de técnico encarregado pela CBD de montar o selecionado capaz de reabilitar o futebol brasileiro na Copa de 1978, ele é aquilo que se poderia definir como um "self-made man" do futebol.

Nascido em Taquara, a 40 quilômetros de Porto Alegre, e órfão de pai, já aos 2 anos, Oswaldo, o mais novo dos nove filhos do casal Heitor Furtado e Honorina Camargo Brandão, estudou apenas até a segunda série ginasial e, em 1931, já tinha de começar a trabalhar. Seguindo o caminho dos irmãos, ingressou na Viação Férrea, de Porto Alegre, inicialmente como limpador de locomotivas — e, em seguida, foi carvoeiro, lubrificador, manobreiro,

Brandão: o "self-made man" do futebol

e anos a fio de concentrações, Brandão, tem hoje largo prestígio no Palmeiras de São Paulo, equipe que dirige há três

entrevista, concedida na semana passada em seu amplo apartamento no bairro do Paraíso, em São Paulo, Oswaldo Brandão fala do futebol brasileiro e das perspectivas do selecionado que irá dirigir.

O futebol está
saturando

VEJA — *O senhor tem sido acusado de uma série de coisas. Entre elas, a de que costumava cobrar uma porcentagem sobre o total do passe de um jogador para levá-lo para a equipe que estava dirigindo...*

BRANDÃO — Eu estive em todos os chamados grandes clubes de São Paulo. E em todos eles — com exceção do Santos e da Portuguesa, que no momento não me interessavam — eu fiz ida e volta. Ora, foi dos cofres desses clubes que saiu o dinheiro para o pagamento dos contratos dos jogadores que eu pedi. E, se eu tivesse ficado com

---

Quando assumiu a seleção brasileira em 1975, Brandão pretendia revolucionar a relação dos jogadores com o time nacional. Nesta entrevista à revista *Veja* ele falou de seus planos, que foram interrompidos pela demissão, em 1977.

"

Até que um dia ele me convidou para almoçar na casa dele.
Chegamos, ele pegou um copo com água, gelo e um litro de
uísque e colocou em cima da mesa.
O senhor bebe? – perguntou Brandão.
Não – respondeu o auxiliar.
Mas hoje vai beber.
Primeiro ele colocou água e disse: 'Uísque não é para
matar a sede. Primeiro você bebe água e depois o uísque.'
Tomamos. E a partir daí acho que ele perdeu o medo
e viu que eu só queria ser preparador físico, não estava
interessado em pegar o lugar dele. Passou a ter uma amizade
e uma confiança muito grande em mim – conta Maffia.

"

A parceria atingiria seu auge entre 1972 e 1974, no Palmeiras, chegando à seleção brasileira.

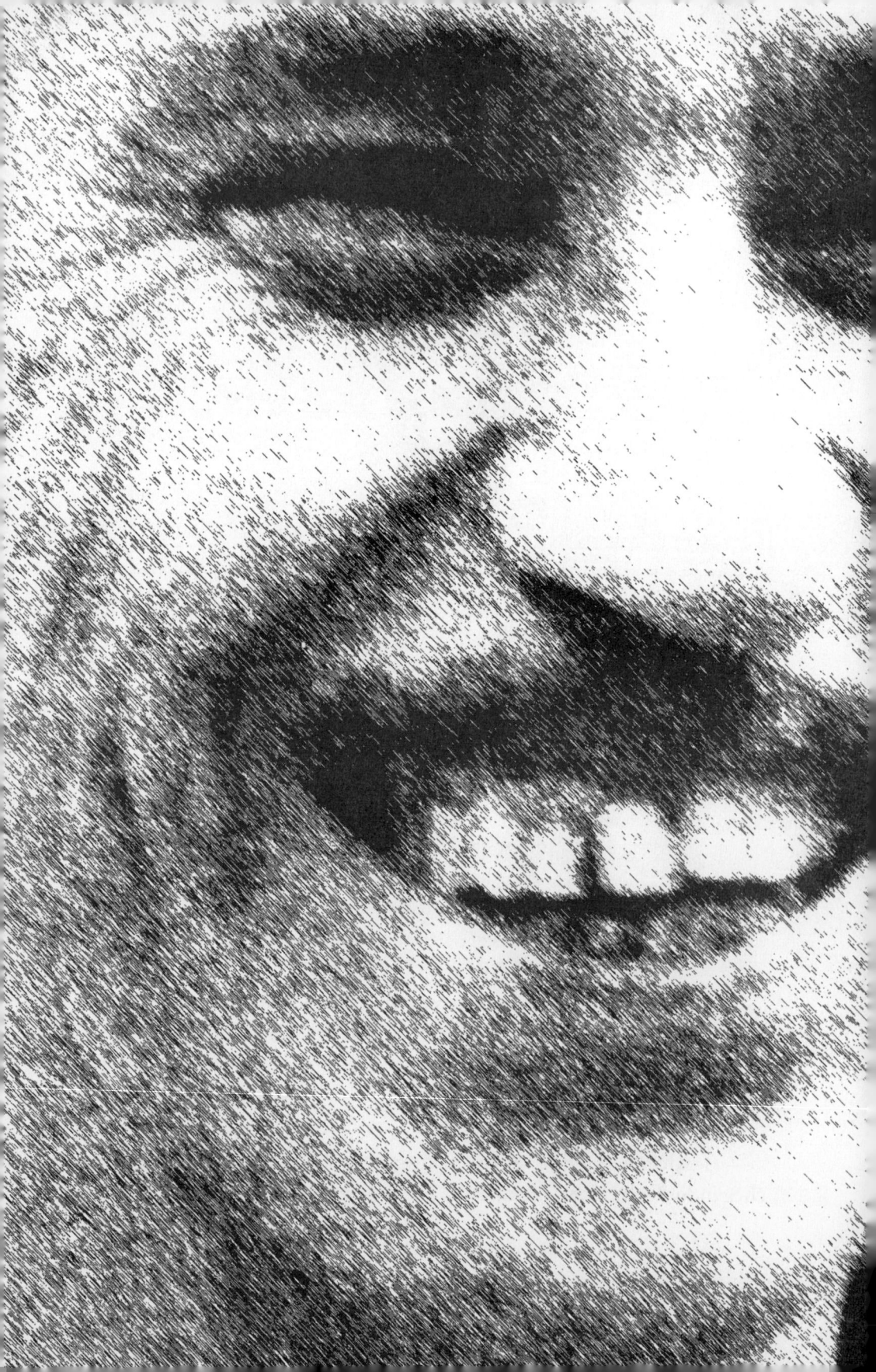

O Homem do Cinto e a Mesa dos Gordos

Os métodos de Brandão nem sempre foram aceitos. Sempre houve quem contestasse e criticasse o estilo centralizador, a exigência de tomar conta de tudo. Havia situações que seriam impensáveis no futebol do século XXI, empresarial, com jogadores dividindo espaço com artistas nas revistas e nos programas de celebridades. Mas eram corriqueiras para quem trabalhou com Brandão entre os anos 1940 e 1980. Fosse o jogador estrela ou iniciante, famoso ou desconhecido.

Uma das particularidades envolvendo os métodos de trabalho do treinador era o uso do cinto para punir jogadores. O efeito do método dependia de quem era vítima das cintadas. Muitos atletas levavam como uma brincadeira, um tipo de aviso de um pai para um filho. Mas outros não aceitavam e consideravam a situação absurda e revoltante.

Em 1957, Brandão era o treinador da seleção brasileira no Campeonato Sul-Americano (atual Copa América), disputado no Peru. O time tinha jogadores experientes e consagrados, como os craques Dino Sani, Zizinho e Didi. Evaristo já era um atacante respeitado, prestes a se transferir do Flamengo para o Barcelona. Também havia jovens talentos, como José Macia, o Pepe, revelação do Santos.

"

Eu tinha 22 anos e vi coisas incríveis naquele Sul-Americano. O Brandão sentava no primeiro banco do ônibus e ficava vigiando. Quando ele virava as costas, algum gaiato gritava: 'Caçamba!' Ele mandava todo mundo descer do ônibus, um por um, e dava na gente de cinta, com a fivela. Era um puta cinto grosso, ficava o vergão. Eu vi craques consagrados como o Didi, o Zizinho, saindo pela janela para fugir das cintadas e gritando: 'Esse cara é louco!' – recorda Pepe.

"

Apesar da revolta no momento das cintadas, Pepe jura que ninguém levava aquilo muito a sério.

"

O ambiente com o Brandão era muito bom. A gente o chamava de Caçamba porque alguém tinha dito que ele não gostava do apelido. Mas não era ofensivo. Ninguém tinha mágoa. Antes de sair para os treinos, para os jogos, no hotel, sempre tinha uma resenha divertida. O Brandão me tratava como um garoto começando, me chamava de moleque, essas coisas. Ele já era muito conceituado, a fama dele era grande, inclusive fora do Brasil – emenda Pepe.

"

O ponteiro conhecido como o Canhão da Vila pode não ter levado a sério o uso do cinto, mas muitos chamados medalhões daquela seleção, jogadores mais rodados, não gostaram muito, o que contribuiu para que o treinador fosse afastado da equipe antes da preparação para a Copa do Mundo de 1958.

Obcecado com o tema do excesso de peso de alguns jogadores, Brandão radicalizava. Cismava que um jogador estava pesado, e não havia balança que o convencesse do contrário. E tome corrida, exercício de tudo quanto é tipo.

> **"**
>
> Ele mandava a gente subir cem vezes as escadarias das arquibancadas do Parque São Jorge. Quem o Brandão achava que estivesse acima do peso tinha que treinar com aqueles casacões pesados, de inverno, com saco de plástico em volta da cintura, debaixo de sol forte – recorda Roberto Rivellino, um dos maiores craques da história do futebol, lançado por Brandão no time principal do Corinthians e na seleção.
>
> **"**

Uma das estratégias do treinador para controlar os comilões era apostar no constrangimento e na gozação dos outros jogadores.

> **"**
>
> No meu tempo, ele criou a Mesa dos Gordos. Ele mandava sentar juntos os que ele achava que estavam comendo muito. Fiscalizava tudo o que eles comiam, ia até a cozinha ver o que estava sendo preparado. Cobrava mesmo, o que sempre gerava piada entre os jogadores – recorda Rivellino.
>
> **"**

O santo de Brandão não bateu com o de Walter Casagrande Júnior, o Casão, ídolo da Democracia Corintiana e comentarista de sucesso após pendurar as chuteiras. Casão era mais contestador do que rebelde, não aceitava lugares-comuns e situações preestabelecidas sem que pudesse argumentar.

> "
>
> Uma coisa que eu não aceitava era que o Brandão implicava com as roupas que a gente vestia. Lembro que uma vez ele tirou um garoto da concentração, o Admílson, um centroavante, porque ele apareceu com uma calça preta de couro.
>
> "

Casagrande era um garoto em busca de espaço na equipe principal, entre o final dos anos 1970 e início dos 1980. Jogava nas equipes juvenis do Corinthians e muitas vezes era chamado para o banco do time principal. Numa delas, revoltou-se com os métodos de Brandão.

> "
>
> Eu jogava duas partidas no domingo, às vezes, pelo juvenil A e pelo B. Aí corria para o Parque São Jorge para esperar a definição do grupo que concentraria com o time principal. Uma vez eu cheguei, e o Brandão virou para mim e disse: 'Moleque, você não concentra, você vai jogar com o juvenil que tá precisando.' Pô, era o terceiro time do juvenil. Eu estava cansado e não quis saber, peguei minhas coisas e fui para casa.
>
> "

Essa incompatibilidade de gênios terminou facilitando a ida de Casagrande por empréstimo para a Caldense, de Minas Gerais, time no qual se destacou antes de retornar ao Corinthians e se transformar em ídolo.

Antes de ir para Minas, o centroavante testemunhou a neurose do treinador com jogadores acima do peso: uma versão moderna da Mesa dos Gordos.

"

O Brandão implicava com o Geraldão [centroavante que atuou no Corinthians nos anos 1970 e 1980] o tempo todo por causa do peso. Na hora das refeições, a gente se dividia entre as mesas e o Brandão sentava um pouco distante, para ter uma visão geral do restaurante ou do refeitório. Uma vez o Geraldo ficou no cantinho dele, só esperando uma brecha e levantou. Quando ele pegou o prato, só deu para ouvir aquele vozeirão do Brandão ecoando: 'Geraldooooooo! Só saladaaaaaaaaaaa!' Ele falava esticando as palavras e todo mundo caiu na gargalhada, menos o Geraldão.

"

Quando voltou ao Timão, Casagrande já era um jogador mais maduro, e Brandão trabalhava como supervisor de futebol, estava mais maleável, a ponto dar uma dica que o atleta considerou fundamental para sua evolução.

"

Foi em 1986. O Brandão me chamou para uma conversa e falou algo que nunca esqueci. Ele disse que eu tinha um estilo muito parecido com o do Leivinha e que deveria aproveitar isso para fazer gols de cabeça. Além de sair da área para buscar o jogo, porque eu tinha qualidade. Pô, ele falar isso e citar o Leivinha, que foi um puta craque, me deixou muito feliz e me ajudou a aprimorar meu jogo!

"

O que parece controverso e ultrapassado sob a ótica do futebol do século XXI era corriqueiro no período em que Brandão foi treinador. Ele era um produto de seu tempo, de seu ambiente. A personalidade forte, temperada por uma sinceridade desconcertante, era amenizada por uma astúcia inversamente proporcional à sua falta de cultura e educação formal.

Havia situações em que Brandão procurava a estrada mais longa e sinuosa para dar seu recado. Isso ocorria geralmente nas entrevistas e em reuniões com dirigentes. E também com os jogadores.

Uma delas teve como protagonista o goleiro Raul Plassman, que a contou em seu livro *Histórias de um goleiro*, escrito em parceria com o jornalista Renato Nogueira.

Raul tinha conseguido uma rara oportunidade como goleiro da seleção brasileira durante a Copa América de 1975. O Brasil era representado por um combinado mineiro, reforçado por alguns jogadores de times paulistas. Tudo corria bem para o goleiro, que havia atuado em quatro partidas consecutivas, com quatro vitórias. Mas em 30 de setembro de 1975, em pleno Mineirão, o Brasil foi derrotado por 3 a 1 pelo Peru, com direito a um frango de Raul.

Abalado, o goleiro do Cruzeiro pensou que sua chance tivesse ido para o espaço com aquela falha. O próximo jogo seria apenas em 4 de outubro, novamente contra o Peru, em Lima. Raul foi convocado e pensou que estivesse com a posição assegurada.

Na véspera da partida, após o jantar no hotel, Raul foi procurado pelo massagista Nocaute Jack, que deu o recado:

"

Seu Oswaldo quer falar com você. Sobe lá no quarto dele.

"

Raul estava preparado para ouvir um sermão e perder o lugar no time. Bateu à porta, entrou e foi recebido por um Brandão sorridente e amistoso.

"

Senta aí, vamos conversar – disse o treinador, portando uma garrafa de uísque escocês do mais puro malte e dois copos.

Sem gelo, como ele fazia questão.

Mas eu não bebo – balbuciou Raul.

Deixa disso! O chefe sou eu, não tem problema.

"

Brandão era cheio de contrastes e chegava a soar contraditório. Cobrava disciplina militar, mas era paternal com os jogadores. Tanto podia dar cintadas como castigo quanto acolher jogadores em sua casa.

Entre muitos goles de uísque puro e conversas sobre a vida, o futebol, a doença de seu filho Márcio, Brandão enrolou Raul até alta madrugada.

Quando resolveu deixar o quarto para descansar, Raul se despediu e, ao virar as costas para abrir a porta, escutou a voz grave do treinador:

"

Meu goleiro, você bebeu a noite inteira, assim não tem condição. Quem vai jogar é o Waldir Peres.

"

87

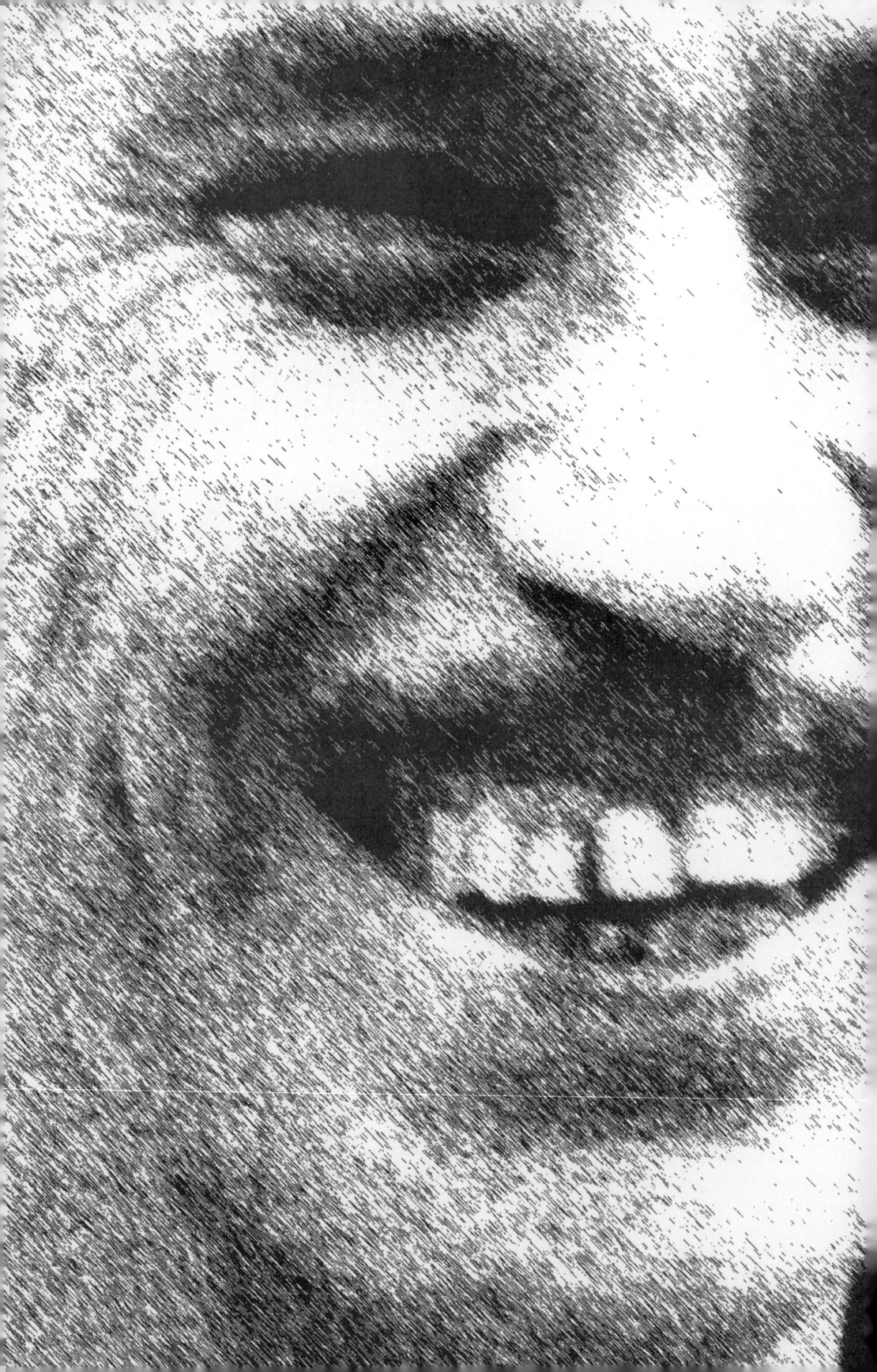

Zum, zum, zum... é 21!

Em 2008, a rede de TV norte-americana CNN fez uma lista apontando os dez maiores clássicos do futebol mundial. O dérbi paulista entre Corinthians e Palmeiras aparece na nona colocação e é citado como a maior rivalidade do futebol brasileiro.

Se a lista da CNN tivesse sido proposta em 1974, o clássico paulistano talvez desbancasse o confronto escocês entre Celtic e Rangers do topo da lista. O estado de São Paulo respirava futebol no final de 1974. Corinthians e Palmeiras tinham chegado à decisão do Campeonato Paulista em situações opostas. O Verdão estava no auge, vivia os anos da chamada Academia de Futebol e acumulava o bicampeonato brasileiro, em 1972-1973. A escalação da equipe é recitada de cor por palmeirenses de diversas gerações: Leão; Eurico, Luís Pereira, Alfredo e Zeca; Dudu e Ademir da Guia; Edu, Leivinha, César e Nei. Claro que houve algumas mudanças entre 1971 e 1975, como as saídas de Polaco e Pio para as chegadas de Alfredo e Nei. Mas a base foi mantida e o estilo de jogo também. O Timão só acumulava desgosto e derrotas desde 1954, ano em que, treinado por Oswaldo Brandão, havia sido campeão pela última vez.

Havia esperança entre a Fiel Torcida de que, finalmente, o jejum estivesse por terminar. A fórmula de disputa do campeonato previa dois turnos. Se um time vencesse ambos, seria campeão. Um vencedor em cada turno e eles decidiriam o título em dois jogos. O Corinthians venceu o primeiro turno, relaxou no segundo e viu o Palmeiras se credenciar para a grande final.

"

Cometemos um erro. Quando ganhamos o primeiro turno, o time titular ficou treinando em Águas de Lindoia [estância hidromineral do interior paulista], e o segundo turno foi disputado por um time misto. Isso tirou completamente nosso ritmo de competição – avalia o lateral-esquerdo do Corinthians em 1974, Wladimir.

"

O time corintiano tinha Roberto Rivellino como o grande craque, mas os torcedores confiavam muito na raça de Zé Maria, a quem chamavam de Super-Zé, e na velocidade do ponta-direita Vaguinho. O treinador era o experiente Sylvio Pirilo, ex-centroavante de talento, maior goleador do Campeonato Carioca em uma edição, com 39 gols marcados pelo Flamengo, em 1941.

Pirilo, falecido em 1991, era o parceiro gaúcho de Brandão nas noitadas de juventude em Porto Alegre. O tempo se encarregou de transformar aquela velha amizade em uma rivalidade entre treinadores experientes. Brandão havia sucedido Pirilo na seleção brasileira, em meados dos 1950, e o inverso aconteceu após as Eliminatórias para a Copa do Mundo de 1958. Agora eles se reencontravam como adversários. Pirilo no Corinthians, e

Brandão no comando da Academia palmeirense, bicampeã brasileira em 1972 e 1973.

Quando a decisão começou, o otimismo corintiano foi ganhando corpo. Apesar de o adversário estar em estado de graça, conquistando título em cima de título, e de ter feito 1 a 0 no primeiro minuto de partida, foi o Timão quem deu as cartas no primeiro jogo, disputado no estádio do Pacaembu, em 18 de dezembro de 1974, uma quarta-feira. O atacante Lance empatou, e a velocidade da equipe corintiana foi determinante, principalmente com o ponta-direita Vaguinho. Mais técnico e cadenciado, o time do Palmeiras sofreu e apostou na velocidade do ponta-esquerda Nei para armar contra-ataques. O resultado final de 1 a 1 despertou dúvidas sobre a capacidade de o Palmeiras segurar a velocidade do Corinthians e o entusiasmo da Fiel.

A primeira partida só foi disputada no Pacaembu porque o Morumbi, maior estádio da cidade e pertencente ao São Paulo Futebol Clube, estava com o gramado em reforma. Animado com o empate e o futebol mostrado pelo time, o presidente do Corinthians, Vicente Matheus, pressionava a Federação Paulista de Futebol para confirmar a segunda partida para o Morumbi.

O jornalista Edson Scatamachia cobriu aquela decisão pelo extinto *Jornal da Tarde*, de São Paulo. Ele conhecia bastante Brandão, que o chamava pelo apelido de Barba.

"

Na sexta-feira antes da final, toca o telefone na redação. Era o Brandão. Ele me disse: 'Barba, amanhã a Federação vai fazer uma vistoria no Morumbi. Passe lá.'

"

No sábado, a vistoria foi feita com as presenças dos presidentes dos clubes, Paschoal Giuliano (Palmeiras) e Vicente Matheus (Corinthians), e da Federação (Alfredo Mettidieri). Brandão acompanhou tudo, e o repórter Scatamachia testemunhou.

"

O gramado do Morumbi estava uma lástima, com as placas de grama recém-colocadas. Estava chovendo muito naqueles dias, as placas pareciam boiar nos lugares em que o trator ainda não tinha sido usado para fixar melhor a grama. O Matheus jogou uma bola para cima e quando ela bateu na grama, ficou imóvel, amortecida na lama. Eu pensei: 'O segundo jogo será no Pacaembu.' Aí ouvi a voz do Brandão: 'Acho que dá para jogar aqui...' O Matheus sorriu, enquanto Mettidieri e o próprio Paschoal Giuliano não entenderam nada. O jogo foi confirmado para o Morumbi.

"

Brandão conhecia Matheus. Sabia que o dirigente corintiano estava entusiasmado com o empate no primeiro jogo e acreditava não apenas na vitória, mas também numa renda milionária e na força da torcida. Por isso queria o jogo no Morumbi. Ciente de que seu time era mais técnico e mais lento que o do Corinthians, o treinador palmeirense já tinha toda a estratégia armada para moldar o segundo jogo da decisão ao estilo de jogo de sua equipe.

Gino Orlando foi um grande atacante do futebol paulista nos anos 1950 e 1960. Atuou por Comercial, XV de Jaú, Juventus e Portuguesa. Mas ganhou fama jogando pelo São Paulo. Brandão foi treinador de Gino pelo Tricolor. Ficaram muito amigos. Gino faleceu em 2003 e trabalhou como administrador do estádio do Morumbi. Era uma espécie de síndico daquele gigante de concreto.

Na manhã da sexta-feira, 20 de dezembro de 1974, o preparador físico do Verdão, Hélio Maffia, apareceu para uma visita a Gino Orlando. Brandão tinha pedido a Maffia que fosse ver como

CAMPEONATO
A GRANDE FINAL

Aquele demônio dentro do campo? É Nei, o tímido.

Chamaram Lance de Cruyff. E que ninguém ache graça.

BRANDÃO BRIGOU COM TODOS: AMIGOS E INIMIGOS.

A imprensa deu grande destaque à final de 1974. E a Brandão, claro, que, no calor do clássico, esbravejou com seus jogadores e trocou farpas com o técnico adversário, o antigo companheiro Pirilo.

estava o gramado. O treinador palmeirense pediu que o preparador físico convencesse Gino a molhar mais o gramado do Morumbi, sob o argumento de que isso ajudaria a compactar as placas de grama recém-instaladas. Na verdade, o objetivo era outro. Brandão queria um campo o mais pesado possível. O pedido foi prontamente atendido por Gino, e o sistema de irrigação do gramado do Morumbi trabalhou a pleno na tarde daquela sexta-feira.

O domingo, 22 de dezembro de 1974, amanheceu cinzento e úmido. O clima não impediu que 120.522 pessoas pagassem ingresso para ver a final do Campeonato Paulista. Do primeiro ao último minuto de jogo, a estratégia bolada por Oswaldo Brandão mostrou-se eficiente. O gramado encharcado e fofo até que resistiu bem, mas o jogo ficou cadenciado, lento, ao gosto do time palmeirense e, em especial, de Ademir da Guia. O camisa 10 palmeirense, com passadas largas e elegantes e domínio de bola perfeito, ditou o ritmo.

Nas imagens de arquivo daquela partida, é possível ver diversos lances em que Rivellino e os jogadores corintianos escorregam em pontos do gramado onde havia lama acumulada. Era muito difícil jogar pelo chão e em velocidade. A saída era tentar as jogadas pelo alto, o chamado jogo aéreo. Exatamente como Brandão queria.

> "
> Quem for ver as imagens daquele jogo hoje vai perceber que apenas o nosso time jogou, que teve as melhores chances. Fizemos o nosso jogo e dominamos. O Brandão era um macaco velho. Ele tinha jogado futebol, estava há muito tempo nesse meio e conhecia todas as armadilhas – afirma o volante Dudu.
> "

Na noite de sábado, 21 de dezembro de 1974, o treinador completou sua estratégia para a grande decisão. Espiritualista, devorador de livros sobre a doutrina escritos por seu decodificador, Alan Kardec, Brandão buscou um ensinamento para aplicar na partida do dia seguinte. Em conversa com o jornalista Solange Bibas, amigo de longa data, citou que havia lido uma vez a seguinte frase (sem revelar o livro ou o autor): "Para conseguir sucesso na vida é preciso repetir velhas experiências." Se a frase é de algum livro mesmo é difícil de saber, pois Brandão muitas vezes inventava uma frase ou a adaptava e falava que era de algum livro para dar mais peso.

Mas a tal experiência ele jurava que tinha sido realizada, com sucesso. Brandão contou a Bibas que, quando treinou o Santos, nos anos 1950, em certo jogo cismou de tirar o lateral-direito para escalar um volante em seu lugar, na tentativa de evitar um empate sem gols. O volante entrou e fez o gol da vitória.

No último treino do Palmeiras antes da grande decisão, o lateral-direito Eurico, titular absoluto, sentiu uma dor no tornozelo direito durante a tradicional roda de bobinho entre os jogadores. O noticiário colocava Eurico como dúvida para a final.

Assim que o sistema de som do Morumbi anunciou a escalação do time do Palmeiras, houve um murmurinho de surpresa entre jornalistas e torcedores. Na vaga do titular Eurico estava confirmado um volante, o reserva Jair Gonçalves. Aos 34 minutos do segundo tempo, Jair Gonçalves invadiu o campo de defesa do Corinthians pelo lado direito. Alguns passos após a linha divisória de meio-campo, ele cruzou a bola para a área. Bateu bem embaixo da bola, para que ganhasse altura, procurando o meia Leivinha, exímio cabeceador, que estava na meia-lua da área corintiana. Leivinha subiu mais do que o zagueiro Brito e ajeitou de cabeça para Ronaldo (jogando na vaga do centroavante César), que, sem deixar a bola quicar no chão, chutou de primeira, de pé direito. O goleiro corintiano Butice ainda resvalou na bola, mas sem força para impedir que ela entrasse.

Até os palmeirenses dizem que havia pelo menos 100 mil corintianos entre os 120 mil presentes no Morumbi. O silêncio da torcida alvinegra refletia a falta de ação do time em campo, dominado por uma equipe que era a melhor do país naquele momento e ostentava uma frieza impressionante, tamanha a sequência de títulos. A vitória por 1 a 0 não apenas confirmava a supremacia palmeirense, mas também prolongava o calvário corintiano que entraria em seu vigésimo primeiro ano sem conquistas. A torcida alviverde cantava: "Zum, zum, zum... é 21."

Ao final da partida, o vestiário do Palmeiras impressionava pela tranquilidade. Afinal, era apenas mais um título para aquela versão da Academia (dois paulistas, em 72 e 74, e dois brasileiros, em 73 e 74, todos com Brandão). O lateral-direito Eurico confirmava que estava mesmo contundido, que não jogou por não ter condições. O repórter Scatamachia perguntou a Brandão sobre a história contada a ele por Solange Bibas, referente à frase sobre velhas experiências repetidas.

> "
> Esse Bibas é um fofoqueiro – retrucou o treinador,
> sem disfarçar um sorriso.
> "

O título era uma rotina para o Palmeiras, mas desencadeou uma grande revolta da torcida corintiana contra o ídolo Rivellino. Os protestos culminaram com a saída dele do clube, rumo ao Fluminense, onde viveu um período glorioso entre 1975 e 1978. O Reizinho do Parque, como era chamado pelos corintianos, tem uma certeza sobre a fatídica decisão paulista de 1974:

> "
> Nunca tive nada contra o Sylvio Pirilo, mas tenho certeza de que,
> se o treinador do Corinthians fosse o Brandão, nós teríamos sido
> campeões. O Brandão sabia como ninguém lidar com esse tipo de
> situação, motivar os jogadores, desestabilizar o adversário.
> "

Foi consagrado com mais uma conquista que Oswaldo Brandão pegou a família, lotou o Galaxy de carne e carvão e desceu a Serra do

Mar rumo a uma casa em Itanhaém, balneário no litoral sul paulista. O repórter Scatamachia recebeu a informação privilegiada de Bibas, seu companheiro de redação. Com um adendo à pauta (o conjunto de informações que, como diz o nome, pauta e orienta um repórter): o contrato de Brandão com o Palmeiras tinha terminado, e o presidente do clube, Paschoal Giuliano, também estava de férias em Itanhaém. Prato cheio para um período de vacas magras em termos de notícias, as férias do futebol.

Com algumas perguntas feitas pelas ruas da cidade, bom repórter que era, Scatamachia localizou a casa do presidente palmeirense.

> "
> O senhor sabe que o Brandão está em Itanhaém?
> Sei, ele está aqui atrás – respondeu Giuliano, movimentando
> a cabeça, dando a entender que sabia que Brandão estava na
> cidade e perto de sua casa.
> E o senhor não vai falar com ele sobre o novo contrato? –
> insistiu o repórter.
> Não. Se eu for lá ele vai pedir muito. Ele que venha aqui.
> "

Com as declarações do dirigente anotadas, Scatamachia partiu em busca de Brandão. Orientou-se pela fumaça de uma churrasqueira e encontrou a casa, ciente de que o treinador, como bom gaúcho, era um mestre na arte de assar carnes.

> "
> O técnico campeão sabe que o Giuliano está numa rua aqui
> perto? – disparou o repórter.
> Sim, eu sei – disse Brandão, sem tirar os olhos do churrasco.
> E o mestre não vai lá ver o contrato?
> Não. Se eu for lá ele vai me oferecer pouco. Ele que venha aqui.
> "

Sem reação diante da resposta do treinador, Scatamachia, nascido em 1946 e atualmente um dos diretores do *Domingão do Faustão*, na TV Globo, ainda ouviu o seguinte:

> **"**
>
> Barba, você ainda não tinha nascido
> e eu já trabalhava com futebol.
>
> **"**

No fim, o sucesso no Palmeiras levaria Brandão de volta à seleção brasileira, que tinha fracassado na Copa do Mundo de 1974. Aquela conquista sobre o maior rival do Palmeiras simbolizava um período de glórias do clube. Muitos analistas e torcedores consideram a equipe que Brandão comandou entre 1971 e 1975 como a melhor da história do Alviverde.

> **"**
>
> O seu Brandão era um técnico que sabia muito bem o que queria. Ele chegou ao Palmeiras no começo dos anos [19]70 e montou um esquema a que foi muito fácil nos adaptarmos e durou quase cinco anos – afirma o volante Dudu.
>
> **"**

Ele acrescenta que a ideia de que Brandão era no fundo um motivador, e não um grande estrategista, é, para ele, equivocada.

> **"**
>
> Ele entendia muito de futebol, só que isso não transparecia para os jornalistas por causa do jeito dele, que não falava muito bem. Naquele tempo se jogava no 4-4-2 ou 4-3-3. Eu sempre ficava na marcação do jogador que fazia o terceiro homem de meio-campo do adversário. Mas havia jogos em que ele fazia diferente. Quando enfrentávamos o Corinthians com o

Rivellino, eu ficava mais à frente marcando, o Ademir da Guia
jogava mais recuado e o Alfredo e o Luís Pereira não podiam
sair muito. Em outros jogos, o Luís Pereira praticamente era o
volante e eu, o zagueiro.

"

Para o ponto de equilíbrio daquele Verdão praticamente inven-
cível, não existe dúvida:

"

O Brandão foi o melhor treinador que eu tive e o melhor
treinador que o Palmeiras teve na história.

"

Quando comandou a Academia palmeirense no início dos anos
1970, Brandão radicalizou em algumas situações. Ele tinha tamanho controle da equipe, sabia tanto do enorme potencial técnico
dos jogadores, que arriscava alto.

É difícil afirmar quando e onde mais arriscou, porque há várias
versões de jogadores, jornalistas e torcedores.

Para Ademir da Guia, o Divino, eterno camisa 10 do Palmeiras,
foi no Maracanã. Alguns jornalistas daquele período e outros jogadores do Palmeiras acham que foi no Mineirão.

Sociedade Esportiva Palmeiras

AV. FRANCISCO MATARAZZO, 1705 - CAIXA POSTAL, 818 - END. TEL. "PALMEIRAS" - SÃO PAULO - BRASIL

Considerada de Utilidade Publica de conformidade com a lei 4.818 de 21/11/1959

Contrato que estabelecem entre si, de um lado a SOCIEDADE ESPORTIVA PALMEIRAS e do outro o técnico OSWALDO BRANDÃO, afim de que este preste seus serviços como preparador e orientador da equipe de profissionais daquele clube.

OBRIGAÇÕES GERAIS:-

1ª)- O presente contrato terá seu inicio na data de hoje,e o seu término no dia 28 de Fevereiro de 1959.- Findo este prazo, as duas partes ficarão desobrigadas de qualquer compromisso.

2ª)- As relações oficiais entre o clube e o técnico,serão feitas por escrito, por intermedio do Sr. Diretor do Departamento Profissional, mediante comunicação com copia, que será devolvida com "visto";

OBRIGAÇÕES DO TÉCNICO:-

1ª)- O técnico se obriga a prestar seus serviços exclusivamente ao clube, durante a vigencia deste contrato;

2ª)+ A estar presente aos jogos e treinos que se realizarem nesta Capital ou fora dela, ficando a cargo da direção

Brandão teve uma ligação muito forte com o Palmeiras. Tanto no aspecto familiar (sua esposa era de uma família de grandes dirigentes alviverdes) como profissional. Ele jogou pelo clube e comandou o Verdão na época de ouro do início dos anos 1970. A reprodução do contrato de 1958 e 1959 mostra a preocupação da diretoria do Palmeiras com uma eventual saída de Brandão para a seleção brasileira e pede exclusividade.

"

Foi em 1973 ou 1974. É tradicional no futebol que o técnico faça a palestra antes do jogo, aquele papo, falando do nosso time, do adversário. Chegamos ao vestiário do Maracanã, o Brandão apontou para mim e disse: 'Meu capitão, moçada, hoje eu não vou falar nada. Vocês vão para o campo, joguem. Eu vou ver o jogo da tribuna. Se precisar, no intervalo eu desço e falo alguma coisa.' No intervalo ele desceu e disse: 'Capitão, não preciso falar nada. Vou tomar uma água e subir.' Nós ganhamos o jogo, sem dificuldade. No final ele desceu de novo para o vestiário e disse: 'Parabéns!' – recorda o Divino.

"

Parceiro de Ademir da Guia no meio-campo alviverde, Olegário Tolói de Oliveira, o Dudu, recorda de outra situação inusitada nesses tempos em que a Academia palmeirense jogava por música.

> "
> Uma vez nós estávamos sentados no vestiário, esperando a palestra antes de um jogo importante, e o Brandão armou a lousa, deixou tudo pronto, pegou um giz, virou-se para mim e disse: 'Dudu, venha cá e desenhe na lousa como eu quero que o time jogue, porque você sabe direitinho.'
> "

O volante desenhou o sistema de jogo, o que segundo ele não era tarefa complicada.

> "
> Todos os jogadores sabiam exatamente o que deveriam fazer em campo.
> "

Claro que havia problemas. No Palmeiras da década de 1970, Brandão topou com um jogador de personalidade tão forte quanto a sua, que inclusive questionava alguns de seus métodos. Nessa época o cinto já tinha sido aposentado, mas o estilo Brandão de ser criou algumas situações tensas com o goleiro Emerson Leão.

> "
> Tive vários problemas com o Brandão. Mas, até na discordância, eu sabia que em uma semana ficaria tudo bem. O Brandão não guardava mágoa, ele não levava maldade de nada – afirma Leão.
> "

Segundo Leão, que também trabalhou com o treinador na seleção brasileira, Brandão tinha uma estratégia de comportamento.

"

Ele não era um homem culto, era um cara prático. E tinha uma coisa que era favorável ao Brandão: a imprensa gostava de conversar com ele. Isso ajudou a fazer o marketing, o prestígio. Como treinador, ele tomava algumas atitudes drásticas em alguns casos e contava com a sorte, ou com o risco. Era um lado favorável, ele não se omitia. Também tinha a direção do clube na mão. Mas muita coisa ele provavelmente não faria nos dias de hoje – avalia o ex-goleiro e treinador.

"

Márcio Papa, conselheiro vitalício do Palmeiras, relata que um dos problemas entre Leão e Brandão aconteceu em uma partida contra o América de São José do Rio Preto, pelo Campeonato Paulista, no dia 1º de junho de 1976.

"

O Leão tinha tomado um frango e, no intervalo, o Brandão foi cobrá-lo pela falha. Leão não gostou, jogou uma toalha no chão e fez menção de partir para cima do Brandão, mas foi impedido por quem estava perto. Leão foi sacado do time, o reserva Tonho voltou para o segundo tempo, fechou o gol, e o Palmeiras venceu o jogo de virada – recorda Papa.

"

Leão confirma o episódio, mas garante que jamais ameaçou agredir o treinador.

"

O campo do América era o antigo, bem pequeno, gramado ruim. O Palmeiras ia lá e ganhava apertado. Estávamos tomando um sufoco do América, quando houve um cruzamento, um cara chutou e fez o gol. Aí, no intervalo, ele me cobrou: 'Pô, Leão, desse jeito não dá, você nem foi na bola.' Eu retruquei: 'Não dá o quê? Desculpe, seu Brandão, mas você estava longe e não está enxergando direito.' Aí ele me tirou do time. Entrou o Tonho e ganhamos por 2 a 1.

"

Além de ser sacado do time no intervalo, Leão foi suspenso.

"

Eu era diretor financeiro do Palmeiras, estava começando a carreira de dirigente. Tomei um susto quando o Brandão e o Hélio Maffia, preparador físico, entraram na minha sala. O Nelson Duque, que era o diretor de futebol, tinha viajado. A verdade é que ninguém queria administrar aquela situação, porque o Leão era um grande ídolo. Mas o Brandão gostava de mim, eu tenho o mesmo nome do filho dele. Ele queria mandar o Leão embora, não admitia indisciplina. Conversamos, argumentamos, e chegamos à conclusão de que o ideal seria uma suspensão de dez dias com multa de 40% do salário. Mas o prazo de dez dias terminava exatamente num clássico contra o Corinthians, e o Brandão não queria que o Leão jogasse, porque poderia parecer que ele estava cedendo por causa da importância do jogo. Pois bem, jogou o Tonho, e o Corinthians ganhou por 2 a 1, com um gol histórico do Vaguinho, que entrou com bola, Tonho e tudo – lembra o dirigente Márcio Papa.

"

Leão conta que Brandão queria que ele voltasse contra o Corinthians, mas afirma ter optado por confrontar o treinador novamente:

"

Eu disse que só voltaria depois da suspensão. Perdemos para o Corinthians por 2 a 1, e o Tonho não teve sorte, não foi bem no jogo. Treinei normalmente na segunda, na terça, e na quarta-feira joguei. Ele [Brandão] não falou nada comigo e não falei nada com ele.

"

Para provocar o treinador, Leão passou a ser companheiro frequente do filho de Brandão, Márcio, que participava do dia a dia do Palmeiras.

"

O Márcio era alto, boa pinta, desfilava como modelo, jogava basquete, era piloto de corrida. Eu discutia com o Brandão no treino da manhã e saía com o filho dele à noite, só para irritá-lo – recorda Leão, sem conter o riso.

"

O chefe, porém, dava o troco.

"

Em alguns treinamentos coletivos, de sacanagem, ele marcava pênalti contra o meu time. Eu defendia, ele mandava voltar. Ele marcava de novo, eu defendia e ele voltava novamente. O Hélio Maffia me dizia: 'Calma, Leão, ele está te provocando.' O Brandão fazia isso de propósito, para provocar alguma reação.

"

Após muitos anos de experiência como treinador, Leão tem uma visão positiva de Brandão.

"

Ele mudou muito depois que o filho ficou doente. Quando isso aconteceu, o Brandão já nem dava treino, ele ficava apenas conversando com os jornalistas enquanto a gente treinava. Eu tinha um bom relacionamento, frequentava a casa do Brandão. Ele foi forte até o último dia, dentro do seu espiritismo, dos seus relacionamentos.

"

Também houve muitos problemas entre o treinador e o centro-avante César Lemos, o César Maluco.

"

A gente brigava mesmo. Em campo, no vestiário, nos treinamentos. Eu falava alguma coisa, ele dizia que eu queria contestar e coisa e tal. Nossos papos eram sempre movimentados. Mas eu sempre era escalado no time dele – afirma o jogador, um grande ídolo dos palmeirenses.

"

César conta que houve momentos de grande tensão e também faz acusações no que se refere à postura de Brandão.

"

Tinha dias em que ele chegava bêbado e ficava dando treino da arquibancada, apitando, xingando. Eu gritava com ele e dizia que ele tinha que ter respeito. Quem acalmava era o Hélio Maffia, que comandava o treino dentro do campo.

"

105

Polêmico, extrovertido, sem freio com as palavras, César costuma ser repreendido por muitos de seus colegas jogadores, que pensam de forma diferente em relação a Brandão. Que o treinador gostava de uísque, ele próprio admitia. Porém, o relato de que ele chegou a trabalhar embriagado é um ato solitário de César.

> "
>
> Nunca ouvi ninguém falar isso e nunca vi o Brandão chegar para trabalhar sem condição. No Palmeiras, isso nunca aconteceu. A postura dele sempre foi correta – afirma Leão. Isso nunca aconteceu quando trabalhei no Palmeiras – corrobora Maffia.
>
> "

Para César, Brandão foi o responsável por sua saída do Palmeiras, o que gerou muita mágoa. Ele conta que, quando o Verdão conquistou o torneio Ramón de Carranza, na Espanha, em 1974, houve mais uma das brigas com o treinador. Segundo o atacante, Brandão havia proibido os jogadores de sair do hotel após a partida final, contra o Espanyol, de Barcelona. Mas César havia combinado de jantar na casa de um amigo espanhol e foi. No dia seguinte, houve uma grande discussão.

> "
>
> Eu fui, jantei, tomei um vinho e retornei ao hotel à uma hora da manhã. No dia seguinte, viajamos para Madri e, quando chegamos ao estádio do Atlético para fazer o reconhecimento do gramado, o Brandão começou a falar que soube que um jogador não tinha obedecido à ordem dele. Eu retruquei e disse que tinha sido eu, que ele poderia falar. Aí começou o bate-boca, e ele disse que ia me tirar do time.
>
> "

106

César afirma ter recebido uma proposta do Real Madrid, que foi rejeitada pelo Palmeiras. O centroavante conta que, na reta final do Campeonato Paulista de 1974, recebeu a informação, por parte do diretor de futebol do clube, Nelson Duque, de que tinha sido vendido para o Corinthians. O que deixou o atacante revoltado. Até hoje ele culpa Brandão e o dirigente por sua saída do Palmeiras.

No que se refere à qualidade do trabalho de Brandão como treinador, o goleador não vacila:

"

Não quero denegrir a imagem do Brandão. Ele pode ter sido muito bom para os amigos dele, mas não foi comigo. Mas foi um bom pai, um bom marido. E como técnico não tem nem o que falar, ele era o melhor do mundo. Um cara capaz de dar padrão de jogo a um time de futebol em meia hora. Os times dele tinham um padrão fora de série. Ele deslocava um jogador de posição e o time continuava jogando do mesmo jeito. Isso que é importante para um treinador.

"

Para Leão, apesar de algumas rusgas, o legado de Brandão é indiscutível.

"

Pessoas como o Brandão é que fazem o futebol. Pessoas como ele fazem falta nos clubes – garante Leão.

"

Para o ex-goleiro, no entanto, houve um treinador que, no aspecto tático, marcou mais sua carreira do que Brandão.

"

Eu joguei num time com o Brandão que não precisava de
muita definição. O time estava definido por si só, de tão
bom que era. Teve um treinador no Palmeiras, o Rubens
Minelli, que taticamente era melhor que o Brandão. Mas
não tinha o mesmo carisma.

"

Foi com o padrão de jogo dado por Brandão que o Palmeiras desfilou pelos gramados, entre 1972 e 1974, colecionando conquistas. Inclusive fazendo fama fora do Brasil, com vitórias contundentes sobre equipes como Barcelona e Real Madrid, nos torneios Ramón de Carranza e Teresa Herrera, na Espanha.

Antes de viajar para a Espanha, em 1974, Brandão estava preocupado em como marcar o genial atacante holandês Johan Cruyff, que jogava pelo Barcelona. Achava que seria difícil atuar com três atacantes e pensava em reforçar a marcação. Decidiu que era preciso sacar do time o ponta-esquerda Nei.

"

Para justificar a saída do Nei do time, o Brandão disse que ele
estava com frieira e não poderia jogar. Imagine só, frieira! O
Nei nem sequer viajou para a Espanha, foi o Toninho Vanusa
que entrou no time titular – conta Dudu.

"

O Palmeiras venceu o Barcelona por 2 a 0, em 31 de agosto de 1974, com gols de Leivinha e Ronaldo, Toninho Vanusa em campo e Cruyff anulado pela marcação.

O ano de 1974 marcou as últimas conquistas de Brandão pelo Palmeiras. Ele assumiu a seleção brasileira em 1975, passou por outros clubes e posteriormente retornou ao Verdão. Seu último jogo como técnico do Palmeiras foi uma derrota por 1 a 0 para a Francana, pelo Campeonato Paulista, em 10 de agosto de

1980, quando Oswaldo Brandão foi demitido pelo diretor Arnaldo Tirone.

Para o historiador palmeirense Fernando Razzo Galuppo, não há dúvida:

> "
> Oswaldo Brandão está eternamente na memória dos palmeirenses como um dos maiores treinadores de toda a sua gloriosa história. Não apenas por todos os feitos conquistados, mas, acima de tudo, por ter sido o comandante que guiou os destinos do Verdão com sua alma, mente e coração como nenhum outro jamais fez.
> "

Embora nunca tenha declarado publicamente para qual time seu coração pendia, Brandão tinha carinho especial pelo Palmeiras. Principalmente pela postura da instituição quando ele sofreu a contusão no joelho direito que interrompeu sua carreira. A ligação era tão forte, que Brandão escolheu para padrinho de seu filho Márcio um massagista do Palmeiras, Eduardo Santos.

> "
> O clube continuou pagando meu salário de jogador, renovou meu contrato e, no ano seguinte, me incumbiu de dirigir as equipes juvenis. Quando alguém pergunta para que time eu torço, respondo: 'Ainda não torço para clube nenhum. Mas sou sempre grato ao Palmeiras' – disse Brandão em entrevista à revista *Veja*, em 1975.
> Ele dizia que não era torcedor de nenhum time, tinha dois orgulhos como treinador: ter trabalhado no Corinthians e no Palmeiras – garante João Bressane, cunhado de Brandão, casado com Darcy, irmã mais nova de Luiza, esposa do treinador.
> "

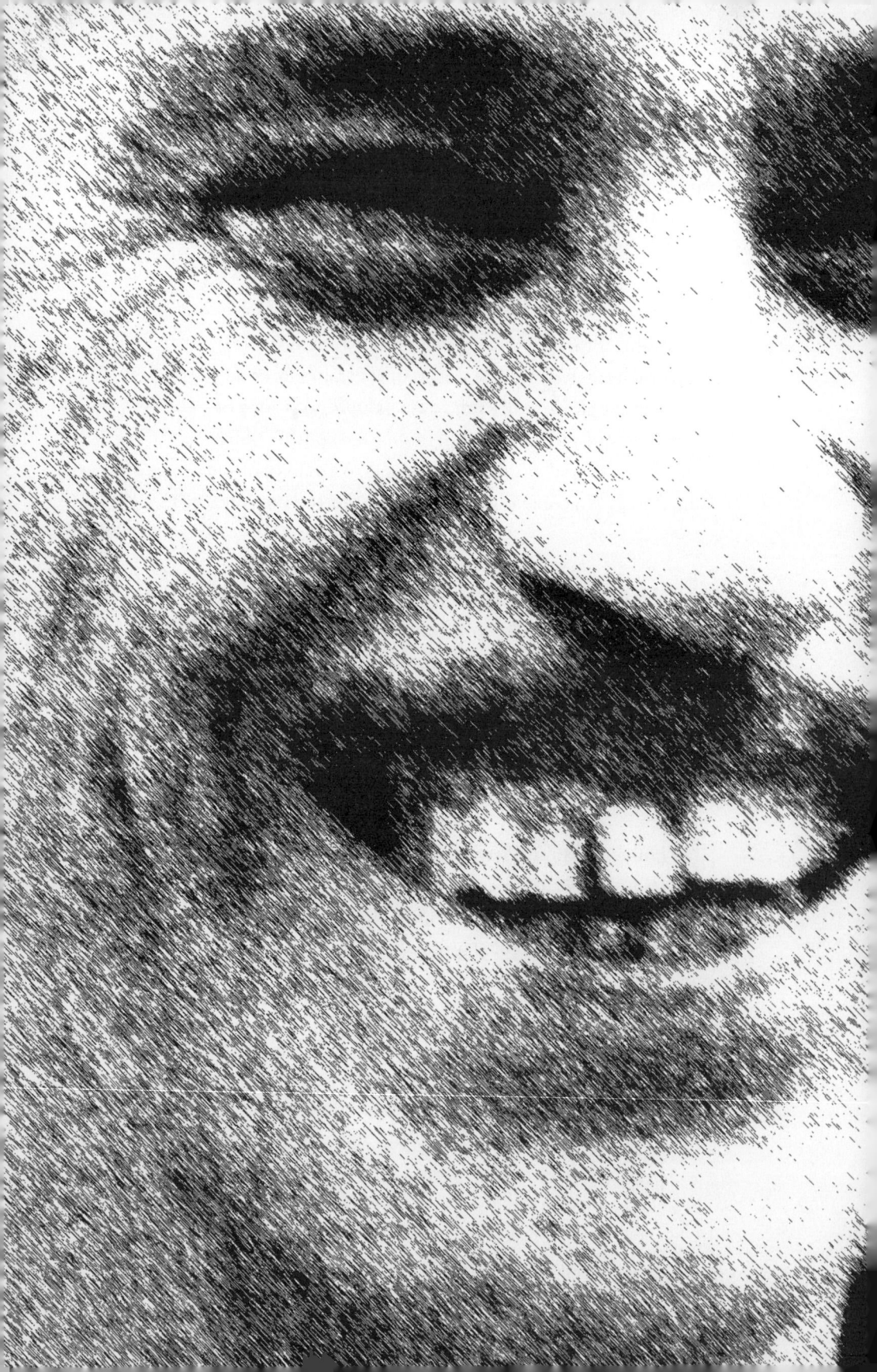

Confraria de craques

Existem muitas classificações para treinadores no universo do futebol. Principalmente no Brasil, onde cada torcedor se considera um especialista, um técnico de futebol formado na universidade das peladas.

A nomenclatura oficializada pelas arquibancadas e pelos campos de várzea usa termos como professor, estrategista, motivador. Há as subdivisões clássicas, carregadas de preconceitos. Fulano é técnico de time pequeno. Cicrano é retranqueiro. Esse treinador é bom para revelar jogadores, mas não sabe lidar com estrelas.

Durante sua longa carreira, Brandão foi enquadrado em todas essas definições. Foi chamado de retranqueiro, motivador, gênio, burro, estrategista, sortudo.

Nº 1

1. Mauga - Inter - ✗
2. Bagattini - Caxias - ✗
3. Jairo - Coritiba - ✓
4. Leão - Palmeiras - ✓
5. Waldir - S. Paulo - ✓
6. Carlos - P. Preta - ✗
7. Raul - Cruzeiro - ✗
8. Wendel - Botafogo - ✗
9. Moacir - P. Preta - ✗
10. Toinho - Sport - ✗
11. Tobias - Corinthians - ✓
12. Renato - Fluminense - ✗
13. JOEL^M - BAHIA ✗

Nº 2

1. Getulio - A. Mineiro ✓
2. Nelinho - Cruzeiro ✓
3. Zé Maria - COR. ✓
4. C. Alberto - Fluminense ✓
5. Perivaldo - Bahia ✓
6. Toninho - Flamengo ✗
7. Alexandre - Fortaleza ✗
8. Orlando - ~~Fluminense~~ Vasco ✓

Nº 3

1. Oscar - P. Preta ✗
2. Miguel - Fluminense ✓
3. Rondinelli - Flamengo ✗
4. Osmar - Botafogo ✗
5. Joãozinho - Vitória ✗
6. Beliato - Náutico ✗

Nº 4

1. Beto Fuscão - Gremio ✓
2. Marinho - Inter ✓
3. Arlindo - S. Paulo ✗
4. EDINHO - Flum. ✓
5. AMARAL - Guarani ✓
6. GERALDO - América Rio ✗
   ~~América~~ ~~Vitória B.~~
   ~~Joãozinho~~
   ~~BELIA~~
7. JAIME - FLAMENGO ✗

Nº 5

1. CAÇAPAVA - Inter ✓
2. Victor Hugo - Gremio ✗
3. CLÓDOALDO - Santos ✗
4. Chicão - S. Paulo ✓
5. Givanildo - Corinthians ✓
6. Flamarion - Guarani ✗
7. Cerezzo - A. Mineiro ✓
8. Ivo - América ✗
9. C. Alberto R. - Fluminense ✓
10. Mérica - Flamengo ✗
11. Baiaco - Bahia ✗

Nº 6
1. Vladimir - Corinthians ✓
2. M. Antônio - Vasco ✓
3. Marinho - Botafogo ✓
4. Junior - Flamengo x
5. Rodrigo Neto - Fluminense x
6. J. Valença - Vitória.

Nº 7
1. Valdomiro - Inter ✓
2. Eou - Palmeiras ✓
3. Flexa - Guarani x
4. Gil - Fluminense ✓
5. ~~Tatuzinho - Cruzeiro~~ REINALDO - AMERICA-NATAL x

Nº 8
1. Neca - Corinthians ✓
2. Jorge Mendonça - Palmeiras ✓
3. Zenon - Guarani ✓
4. Muniei - S. Paulo x
5. Sócrates - Botafogo ✓
6. Danival - Atl. Mineiro x
7. EDUARDO - Cruzeiro x
8. ~~Tatuzinho~~ ~~Cruzeiro~~
9. Zico - Flamengo ✓
10. N. Dias - Botafogo ✓
11. Paulo Cezar - Inter (tratamento) ✓

Nº 9
1. Eli - Coritiba . x
2. Enéas - Portuguesa x
3. Renato - Guarani x
4. Palhinha - Cruzeiro ✓
5. Reinaldo - A. Mineiro (operado) x
6. Roberto - Vasco ✓
7. Nunes - S. Cruz x
8. Campos - Guarani x
9. PAULO ISIDORO - ATL. MIN. ✓

Nº 10
1. Falcão - Inter ✓
2. Ailton Lira - Santos x
3. Ademir - Palmeiras x
4. Rivelino - Fluminense ✓
5. Lucinho - Goiás x
6. ALBERTO - BAHIA x

Nº 11
1. Lula - Inter ✓
2. Ziza - Guarani ✓
3. Nei - Palmeiras ✓
4. Joãozinho - Cruzeiro ✓
5. Romeu - Corinthians x
6. TUTA - PONTE PRETA . x

Brandão fazia listas de jogadores que estava observando para a seleção brasileira. Ele se referia às posições pelos números dos jogadores. Por exemplo: 1 para os goleiros, 3 para os zagueiros centrais, 4 para os quarto-zagueiros.

Há um aspecto em sua trajetória no futebol que não pode ser contestado pelo veneno destilado por torcedores, cronistas e especialistas de plantão. Oswaldo Brandão foi um descobridor de craques. Mais que isso, abriu as portas da seleção brasileira para muitos jogadores que se tornariam símbolos da tradicional camisa amarela.

Um dos momentos mágicos da história da seleção brasileira foi vivido em 1976, quando a equipe disputou e venceu o Torneio do Bicentenário da Independência dos Estados Unidos da América. O Brasil passava por renovação e enfrentava descrédito, em virtude do desempenho ruim na Copa do Mundo da Alemanha, em 1974. A magia daquele torneio não esteve apenas na grande vitória por 4 a 1 sobre a Itália, na decisão, em Los Angeles. Foi o momento em que uma rara confraria de craques se reuniu. Quatro dos maiores jogadores de grandes equipes e da própria história do futebol brasileiro na era pós-Pelé estiveram juntos com a camisa da seleção: Falcão, Zico, Rivellino e Roberto Dinamite.

O elo entre esses quatro craques era Oswaldo Brandão. Não apenas por ser o treinador da seleção brasileira naquele instante histórico, mas principalmente por ter sido o treinador que lançou todos eles na seleção e os colocou para jogar no mesmo time.

A história começa com Roberto Rivellino. Em 16 de novembro de 1965, o Brasil enfrentou o Arsenal, da Inglaterra, num amistoso em Londres. O time do Corinthians foi convidado pela Confederação Brasileira de Desportos (CBD) para representar o Brasil. Com apenas 19 anos, Rivellino entrou em campo como titular, sua estreia não com a camisa amarela, mas com o uniforme azul da seleção, utilizado naquele dia. Era um costume daquela época que a CBD convidasse times brasileiros para representar a seleção, em virtude dos muitos jogos realizados e da dificuldade de reunir jogadores de diversas equipes. O Brasil perdeu por 2 a 0, e no banco estava Oswaldo Brandão como treinador. Embora não tenha assinado a súmula.

"

É o meu nome que consta na súmula porque o Brandão não tinha diploma de treinador e não poderia assinar – conta José Teixeira, então preparador físico do Corinthians.

"

Para homenagear aquela data, o Corinthians lançou em 2013 uma camisa azul idêntica àquela usada pelo time brasileiro, representado pelo Timão, em 1965.

O próximo da fila a ser lançado por Brandão no time nacional foi Arthur Antunes Coimbra, o Zico, o maior jogador do Flamengo e um dos maiores da história do futebol brasileiro. Zico chegou à seleção principal pelas mãos de Brandão, em 25 de fevereiro de 1976, num jogo contra o Uruguai, em Montevidéu, válido pela Taça do Atlântico e Copa Roca. Jogou como se fosse um veterano e fez o gol da vitória, aos 39 minutos do segundo tempo, numa cobrança de falta típica do estilo que o consagraria.

Acusado de ser bairrista pela imprensa carioca, de proteger jogadores paulistas, Brandão comprou uma grande briga justamente com a mídia de São Paulo ao convocar Zico. Eram tempos de um bairrismo insano, com cenas de provincianismo explícito nos dois lados da ponte aérea. Enquanto repórteres cariocas atacavam até os hábitos alimentares de Brandão, repórteres e comentaristas de São Paulo criticavam a convocação do jovem flamenguista Zico, segundo eles um "pipoqueiro" e "jogador de Maracanã". A lógica daqueles tempos era mais ou menos a seguinte: se no Rio batiam sem dó em Brandão, um técnico "paulista", em São Paulo a vingança escolhida era descer a lenha em Zico, ídolo carioca.

Mesmo sendo defendido ferrenhamente por seus amigos da imprensa esportiva paulista, Brandão contestava duramente as absurdas críticas que eram feitas a Zico em São Paulo.

"

Pipoqueiro? Santo Deus, eu queria ter um pipoqueiro desses
em cada clube que eu treinar – respondia.

"

Recebido como filho pelo treinador na seleção, Zico se comportou como grande amigo pelo resto da vida de Brandão.

"

Foi uma época terrível, eu lembro bem. A barra em São Paulo,
quando era o Brandão o técnico, a gente não sofria tanto.
Jogamos contra a Bulgária no Morumbi, era o Brandão. Saí
aplaudido como o melhor em campo. No jogo seguinte em
São Paulo, não era mais ele o técnico, e a cada jogador carioca
anunciado, era uma vaia ensurdecedora. Ele me ajudou muito
com a mídia e a torcida de São Paulo, ajudou a acabar com
aquela coisa de jogador de Maracanã – recorda Zico.

"

Um dos maiores adversários de Zico em duelos históricos
no Maracanã entre Flamengo e Vasco foi Roberto Dinamite.
Carlos Roberto de Oliveira recebeu o apelido graças à força de
seu chute e à rápida afirmação como artilheiro nos anos 1970,
pelo Vasco, clube do qual se transformaria o grande ídolo e,
posteriormente, presidente.

Em 1976, no Torneio do Bicentenário, nos Estados Unidos,
Roberto Dinamite chegou à seleção brasileira principal. Convocado por quem? Oswaldo Brandão.

> "
> Para mim foi muito importante ter um técnico como
> o Brandão em meu começo na seleção. Ele não era um
> treinador distante. Existia uma relação afetiva e próxima.
> Para mim e para aquela seleção, com muitos jogadores sendo
> chamados pela primeira vez. Entrei no segundo tempo do
> jogo contra a Inglaterra, fiquei como titular e ganhamos da
> Itália na final – recorda Dinamite.
> "

O atacante destaca também a principal característica que viu em Brandão nesse primeiro contato.

> "
> Ele estava ali para ajudar os jogadores. Brincava, fazia piada,
> mas tinha o comando das coisas. Ele não era um técnico
> conservador, como muitos dizem sobre ele, mas aproveitava o
> jogador no que ele tinha de melhor. Ele me botou na seleção na
> mesma posição que eu jogava no Vasco. Vi isso com jogadores
> como Zico, Falcão, Rivellino. Tinha o Givanildo estourando
> no Santa Cruz, o Brandão levou. O Lula, do Inter; o Getúlio,
> do São Paulo. Hoje o jogador tem que se adaptar àquilo que o
> treinador determina, mas foge da característica individual.
> "

Além de Zico e Dinamite, aquele time de 1976 tinha outro talento da geração revelada no início da década de 1970 e que se transformaria num grande craque e ídolo. Paulo Roberto Falcão, maior jogador da história do Internacional, futuro Rei de Roma.

Depois de jogar pela seleção olímpica em 1972, Falcão chegou ao time principal convocado por Brandão para um amistoso contra a seleção de Brasília, em 21 de fevereiro de 1976. Falcão entrou no lugar de Lula, seu companheiro de Internacional, e começou uma trajetória que o levaria a duas Copas com a camisa do Brasil e o transformaria em sinônimo de futebol elegante e bem jogado.

> "
> Só trabalhei com o Brandão na seleção. Ele era um paizão,
> um cara engraçado, uma maravilha de ser humano. Era
> daquele técnico que mandava em tudo, na cozinha, no
> hotel, no campo. Mas foi uma grande figura. De todos os
> treinadores que conheci, nos clubes onde atuei e na seleção
> brasileira, um dos mais apreciados pelos jogadores foi
> Oswaldo Brandão – afirma Falcão.
> "

Elegante até o último fio dos raros cabelos loiros, Falcão não cita o fato de, naquele torneio nos Estados Unidos, ter perdido o lugar no time titular para Givanildo. O que muita gente considera uma grande heresia futebolística cometida por Brandão. Puro despeito com Givanildo, que mesmo sem ter sido o Rei de Roma, era um senhor jogador de futebol.

Como a testemunhar aquela passagem simbólica de bastão, a chegada de uma nova turma ao clube de elite que é a seleção brasileira, estava um remanescente do time campeão mundial em 1970: Rivellino. Onze anos após ser lançado por Brandão no time principal, naquele amistoso em que o Corinthians representou o Brasil contra o Arsenal, ele era um veterano, uma glória do futebol brasileiro, reconhecido mundialmente.

118

Riva, Bigode, Orelha, como era chamado pelos colegas de time, deu um toque de classe e nostalgia ao time brasileiro na final contra os italianos. Os deuses da bola tinham proporcionado a rara oportunidade de ver em campo, juntos, quatro craques da mais alta hierarquia. Quem viabilizou esse encontro da mais pura arte do futebol foi Brandão. Ele havia lançado na seleção Rivellino, em 1965; Zico, Falcão e Roberto Dinamite, em 1976. Com os quatro na mesma equipe, o Brasil conquistou o primeiro título de expressão contra um rival histórico depois da Copa de 1970.

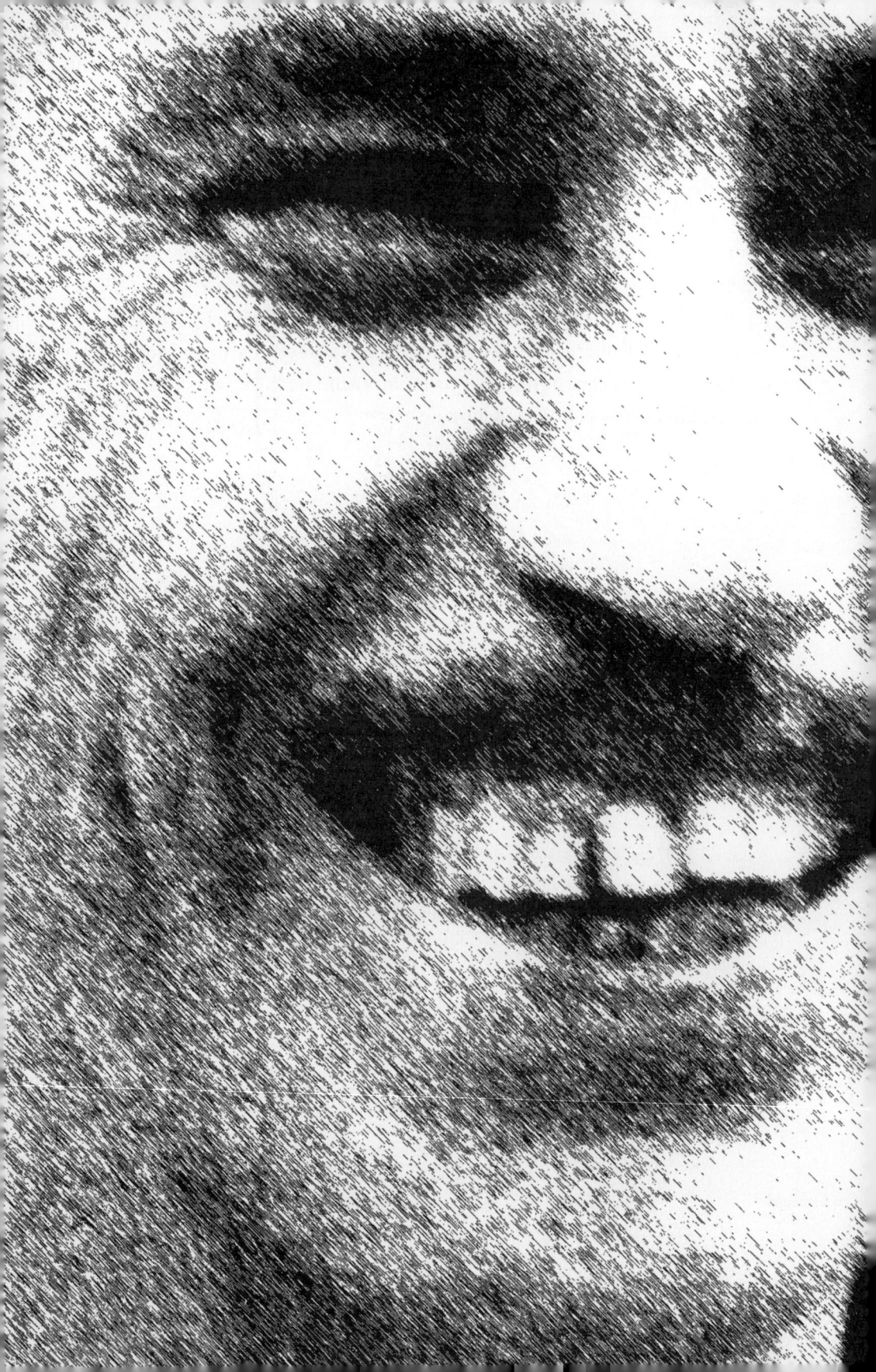

Um time campeão. De graça

A solidariedade é um traço marcante do gaúcho. Sozinho era impossível domar o clima dos Pampas, por isso criou-se uma espécie de confraria entre quem nasce, vive ou viveu naquelas terras. Embora tivesse vivido a maior parte de sua existência em São Paulo, Oswaldo Brandão era gaúcho enraizado. Suas frases vinham marcadas por expressões tipicamente pampeiras, algumas delas cunhadas em corruptelas. Quando se referia à sua juventude, por exemplo, dizia: "Quando era jovencito." Começava muitas conversas com "tchê". Aprendeu a arte do bom churrasco no Sul e a aperfeiçoou em suas passagens pela Argentina e pelo Uruguai.

Essa solidariedade tipicamente gaúcha foi incorporada à personalidade de Brandão ao longo dos anos. Na mania de agir como pai de todos, de ajudar muitas vezes secretamente, sem pedir nada em troca.

Seria impensável no futebol comercial e moderno montar um time do nada, a partir de um guardanapo de papel, e de graça. Pois Brandão participou dessa curiosa aventura em 1975. Atendeu a um pedido de um conterrâneo e amigo de longa data, Aparício Vianna e Silva, o Apa, que havia indicado Brandão para um teste no Grêmio em seus tempos de jogador.

Apa foi um dos mais folclóricos personagens do futebol gaúcho. Treinador, árbitro, jornalista, frasista inspirado e boêmio radical. Teve participação decisiva em importantes episódios do futebol brasileiro. Trabalhou como olheiro para o amigo João Saldanha, quando o João Sem Medo comandou a seleção brasileira. Apa estava sentando no banco de reservas do estádio Beira-Rio, como técnico da seleção gaúcha, no histórico duelo contra a seleção brasileira, em 17 de junho de 1972. Dia em que 110 mil brasileiros gaúchos vaiaram o time campeão mundial e vibraram com os gols farroupilhas na derrota por 3 a 2. Dia em que Paulo César Caju cunhou uma frase emblemática sobre aquele momento:

"

Onde está meu passaporte?
Quero voltar para o Brasil – disse Caju, após o jogo.

"

Na década de 1970, Aparício Vianna estava afastado do trabalho como treinador e juiz de futebol. Escrevia suas crônicas na mídia gaúcha, que estava em polvorosa por causa da inusitada união de Caxias e Juventude. Para enfrentar problemas econômicos, os eternos rivais da cidade serrana de Caxias do Sul fundiram-se em um, adotando o nome de Associação Caxias de Futebol. Óbvio que não deu certo. Em menos de um ano, o Juventude, que havia ficado com as migalhas na tentativa de fusão, resolveu retomar sua vida. Interrompeu brevemente as atividades do time de futebol e começou a construir o estádio Alfredo Jaconi.

Em 1975, dois dos maiores personagens da história do Juventude assumiram a missão de montar um novo time: Willy Sanvito (patrono do clube, falecido em 2010), presidente, e Carlito Chies, diretor de futebol. Decidiram pedir socorro a Apa. Ele pediu passagens aéreas para São Paulo e reserva em um hotel quatro estrelas por um período que assegurou que não seria longo. Antes de embarcar, telefonou para o velho amigo Oswaldo Brandão e deu detalhes de sua missão. O alviverde de Caxias tinha uma ligação histórica com o Palmeiras. Brandão era o treinador do Verdão em 1963, quando o clube foi convidado de honra da festa de 50 anos do Juventude, irmão de sangue italiano. Criou laços fortes com o clube em churrascos regados a vinho da Serra.

Quando desembarcou no aeroporto de Congonhas, em São Paulo, Aparício Vianna foi recebido por Brandão. Além do abraço fraterno, ganhou uma folha de papel preenchida com os nome de 20 jogadores. Atletas jovens, sem espaço em seus clubes, mas buscando oportunidade para aparecer. Tudo a baixo custo.

A lista fora elaborada por Brandão e pelo jornalista Luiz Noriega, então narrador e editor-chefe do prestigiado departamento de esportes da TV Cultura, referência na cobertura esportiva daquela época. Noriega era um dos poucos jornalistas que frequentavam a casa de Brandão, numa amizade construída durante anos. Jantavam juntos, bebericavam uísque – no estilo caubói, sem gelo, como exigia o técnico –, quando Brandão contou a história do Juventude. No dia seguinte, Noriega conversou com os repórteres da Cultura, com amigos jornalistas, e rapidamente apareceu uma lista de jovens jogadores que não seriam aproveitados em seus clubes.

123

Naquela mesma noite, Brandão, Noriega e Apa jantaram juntos e apuraram a lista, chegando aos nomes definitivos, após consultar técnicos e jogadores que os conheciam. No dia seguinte, Aparício iniciou os contatos e entrevistas. Tudo caminhou surpreendentemente rápido. Um dia mais e ele estava fretando um ônibus que tinha como destino o estádio Alfredo Jaconi, acompanhado de um recado para os dirigentes: "Já temos time, a viagem recém-começou."

O detalhe? Tudo feito de graça, sem custo algum para o clube gaúcho, a não ser os salários dos jogadores, e sem pagamento de comissão para nenhum dos envolvidos. Uma ação entre amigos cuja principal motivação foi simplesmente ajudar outros amigos. O custo total da operação envolveu alguns copos de uísque, um bom jantar e guardanapos nos quais os nomes dos jogadores foram rabiscados como esboço da equipe que ganharia vida.

De São Paulo, no ônibus fretado por Aparício, embarcou para Caxias praticamente um time formado. Eram jogadores que estavam no Palmeiras, na Portuguesa e no Nacional. Ou eram muito jovens, ou não agradavam aos treinadores das equipes. A defesa tinha Wagner Benazzi (atualmente treinador), Gonçalves, Rubão e Ricardo. O trio de meios-campistas escalado no ônibus era Assis, Freitas e Altimar. Para o ataque, Da Silva, Dirceu e Tornado.

Aparício Vianna assumiria a tarefa inicial de treinar aquele time, reforçado por alguns jogadores da base do Juventude e por outros garimpados pelo interior gaúcho. Cansado, deu lugar a Carlos Gainete, ex-goleiro do Internacional, que conduziu aquele grupo esboçado num guardanapo ao título da Copa do Governador, o segundo em importância no Rio Grande do Sul. No ano seguinte, de novo por indicação de Brandão e Luiz Noriega, Valdir Joaquim de Morais, arqueiro histórico do Palmeiras e futuro mestre na arte de treinar goleiros, assumiu o comando técnico do Juventude. Foi substituído por Daltro Menezes, que levou o clube ao bicampeonato da Copa do Governador e ao terceiro lugar do Campeonato Gaúcho. Feito que representava o simbólico tricampeonato do Interior Gaúcho e a inédita classificação para o Campeonato Brasileiro.

Até o fim de sua vida, Brandão manteve ligação com os dirigentes do Juventude, que, através do escritor e historiador Francisco Michelin, faz questão de manter na memória de seus torcedores a participação do Velho Mestre na reconstrução e arrancada do Ju, como carinhosamente o time é chamado.

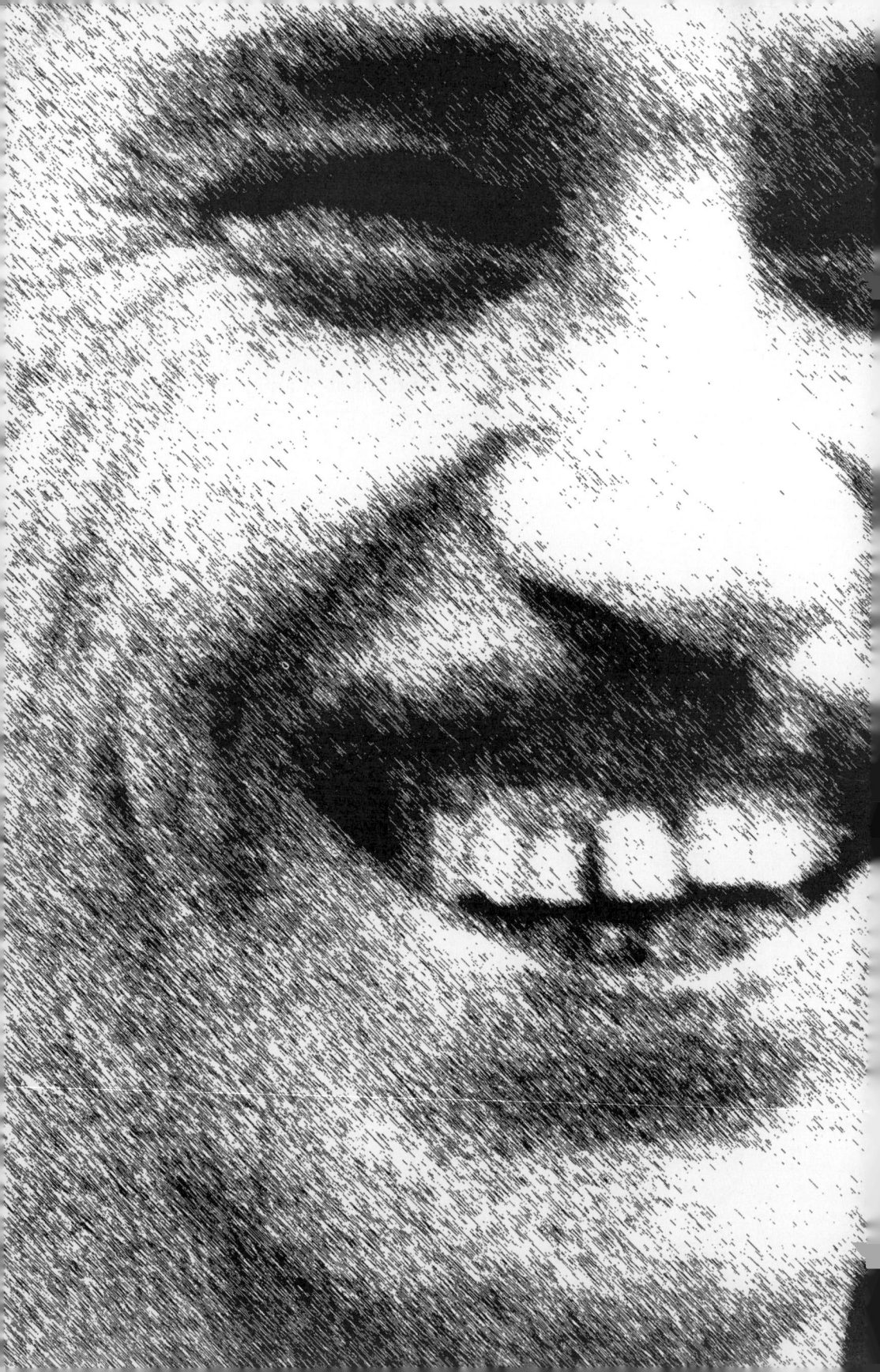

"A ditadura derrubou o Brandão"

O futebol funcionava como uma espécie de termômetro do país para a ditadura militar. Bons resultados da seleção representavam pontos preciosos no jogo sujo e mentiroso do Brasil Grande. Por isso, os militares controlavam a seleção brasileira como se fosse um de seus batalhões de elite. Sempre havia alguém de alta patente no comando das delegações e gente de uma das armas nas comissões técnicas.

Durante a preparação para as Eliminatórias da Copa do Mundo de 1978, na Argentina, o clima entre Oswaldo Brandão e a imprensa do Rio de Janeiro degringolou. Brandão era gaúcho radicado em São Paulo. Um técnico com esse perfil não era bem-visto por alguns setores da mídia carioca, em especial pelo *Jornal do Brasil*, o JB, que estava no auge, e era intimamente ligado à CBD. Tão conectado, que era quase um porta-voz da entidade. Essa conexão deveria render privilégios na cobertura da seleção. Mas Brandão tinha amizades entre os repórteres paulistas, que conhecia de longa data, e não morria de amores pelo pessoal do Rio. O clima era pesado e a tensão, palpável. A rivalidade Rio-São Paulo estava no ápice, passava pelos jornalistas e chegava aos jogadores.

Brandão tinha substituído Zagallo no comando da seleção. Um gaúcho tido como "paulista" ocupando a vaga de um alagoano que era símbolo do futebol carioca. Algo que incomodava profundamente o *Jornal do Brasil*. Em especial o repórter Oldemário Touguinhó, amigo íntimo de Zagallo e quase um integrante das comissões técnicas, tamanha a liberdade com que circulava pelo ambiente e obtinha informações junto à CBD e, posteriormente, à CBF. Touguinhó, um dos mais respeitados repórteres da imprensa carioca, era um ativista da rivalidade com São Paulo e achava que a seleção precisava estar sob o guarda-sol do Rio, sempre. A ponto de escrever o seguinte sobre Brandão: "Treinador que gosta de macarrão com ovo frito e feijão misturados no mesmo prato não pode dirigir a seleção brasileira."

Mas Touguinhó não era o principal inimigo de Brandão. Inclusive virou amigo do treinador com o tempo, assim como outras duas figuras míticas do jornalismo esportivo do Rio, os radialistas Israel Gimpel e Geraldo Pedrosa.

"

Quem batia mais pesado no Brandão era o Luís Inácio Werneck. A coisa parecia pessoal – recorda Hélio Maffia, preparador físico da seleção naquele período conturbado. Werneck escrevia para o JB.

"

Ao assumir a seleção, em julho de 1975, Brandão tinha como meta renovar a equipe. Os remanescentes de 1970 naufragaram na Copa da Alemanha e havia um longo caminho até o Mundial da Argentina. Antes das Eliminatórias, o desafio inicial foi a Copa América, que o Brasil não vencia desde 1949. O próprio Brandão havia perdido uma, quando ainda se chamava Campeonato Sul-Americano, em 1957, em sua primeira passagem pela seleção. Perderia a segunda, amargando apenas uma derrota, para o campeão Peru, por 3 a 1. Naquela edição, o Brasil foi representado por um combinado de Atlético Mineiro e Cruzeiro, reforçado por jogadores de Palmeiras, Guarani, São Paulo e Vasco.

No entanto, a ideia de renovação seguia firme. Em termos de resultado, tudo corria bem, exceto pela derrota na Copa América de 1975. O Brasil venceu a Copa Roca (contra a Argentina) e a Taça do Atlântico (contra Argentina, Uruguai e Paraguai) de 1976.

Mas o desempenho de maior impacto foi a conquista do Torneio do Bicentenário da Independência dos Estados Unidos. A competição reuniu Brasil, Inglaterra e Itália. O Brasil venceu a Inglaterra por 1 a 0, em 23 de maio de 1976, no Coliseu de Los Angeles, com gol de Roberto Dinamite. Oito dias depois, derrotou a Itália por 4 a 1 (placar da final da Copa de 1970, contra o mesmo adversário), com uma atuação primorosa de um time que teve em campo, juntos, Rivellino, Falcão, Zico e Dinamite. Era a primeira grande vitória do Brasil desde a Copa de 1970.

A campanha de Brandão rumo à estreia nas Eliminatórias sugeria céu de brigadeiro. Antes do primeiro jogo rumo à Copa, contra a Colômbia, o Brasil havia feito 23 partidas sob o comando do treinador. Dezessete contra seleções nacionais, algumas contra combinados regionais e estrangeiros e até contra seleções de Brasília e de São Paulo, além de um jogo contra o Millonarios, da Colômbia, e outro contra o Flamengo. O saldo era de 19 vitórias, dois empates e duas derrotas.

Antes do jogo com a Colômbia, a seleção se reuniu para uma preparação de 20 dias no país vizinho, visando adaptar os jogadores à altitude de Bogotá. Dias de isolamento e muita cobrança, pressão quase diária. O clima azedou de vez às vésperas do jogo contra os colombianos, marcado para o dia 20 de fevereiro de 1977. Tudo porque Brandão fez uma alteração que gerou revolta no Rio de Janeiro. Em vez de escalar o lateral-esquerdo Marinho Chagas, do Botafogo, que era ídolo e tinha sido titular na Copa da Alemanha, ele colocou Wladimir, do Corinthians. A presença de Wladimir entre os titulares tinha sido antecipada com exclusividade pelo repórter Edson Scatamachia, do paulista *Jornal da Tarde*, o que acirrou ainda mais o clima com os jornalistas cariocas.

Como já vimos, Brandão tinha uma forte amizade com o jornalista paraense Solange Bibas, radicado em São Paulo. Frequentemente o treinador ia até as redações dos jornais em que Bibas trabalhava, para falar sobre futebol e consultar o famoso arquivo do jornalista, onde ele guardava centenas de fichas de times e jogadores. Foi numa dessas conversas que Bibas, corintiano fanático, convenceu Brandão a convocar Wladimir, sob o argumento de que o time colombiano tinha um ataque forte pelo lado direito, principalmente com o ponteiro Ortiz, e que era preciso reforçar a marcação, o ponto fraco de Marinho Chagas.

Quem também lembra do quanto foi penoso para Brandão optar pela saída de Marinho da equipe é Paulo Roberto Falcão.

"

Ele sofria quando tinha que tomar uma decisão drástica.
Nas eliminatórias de 1977, eu dividia o apartamento na
Colômbia com Caçapava, meu companheiro de Inter, quando
fomos surpreendidos por Brandão, que entrou falando alto:
'Vou ter que tirar o lateral de vocês! Ele não marca, só quer
atacar.' Antes que tivéssemos qualquer reação, saiu falando
sozinho. No dia seguinte, Marinho Chagas perdeu o lugar
para Wladimir, mas ninguém desconfiou o quanto tinha sido
penoso para o homem aquela medida.

"

Os dias que antecederam o jogo contra a Colômbia foram terríveis. Estão, seguramente, entre os mais tensos da história da seleção. A guerra entre as mídias carioca e paulista tinha sido deflagrada e houve casos em que faltou pouco para repórteres saírem no braço.

Quase secretamente, Brandão ainda suportava um drama pessoal. A saúde de seu filho Márcio vinha se deteriorando rapidamente, fato que apenas poucos amigos além da família conheciam. Entre esses amigos estava Zico.

130

"

Eu vivi esse momento particular de família, do filho dele. O Márcio ia várias vezes nas concentrações da seleção, chegou a viajar com a gente. Nos dias em que ficamos na Colômbia, o Brandão ia toda noite ao meu quarto para falar do filho. Ele se abria muito comigo. Por mais que ele fosse um cara forte, estava longe de casa, trabalhando, sabia do problema do filho – lembra.

"

Além de Zico, outro jogador do Flamengo que Brandão levou para a seleção compartilhava dessas conversas.

"

Ele gostava muito de mim e do Geraldo [talentoso meio-campista do Flamengo que faleceu em 1976, aos 22 anos, durante uma cirurgia para retirada das amídalas]. A gente tentava ajudar, mas ele não conseguiu resistir. O problema do filho o fez perder energia, força – afirma Zico.

"

Uma das muitas situações envolvendo o jogo contra a Colômbia ajudou a revelar um segredo que cercava a seleção naquela época. Na divisão dos quartos nos hotéis, Brandão sempre ficava sozinho, não abria mão de privacidade. Mas naquela viagem a Bogotá a CBD reservou menos quartos, e Brandão precisou dividir o seu. O escolhido foi Maffia, amigo do treinador.

"

A pressão era terrível, só quem viveu aqueles dias sabe o que foi. A imprensa carioca batia duro, sem cessar. Como eu estava dividindo o quarto com ele, pude ver como ele estava sofrendo, ainda mais com o problema do filho.

"

131

Mas o que intrigava Maffia era uma chamada telefônica que o treinador recebia todos os dias, tarde da noite, sem falha. A repercussão da crise entre Brandão e a mídia carioca chegara até os ouvidos dos militares. O pensamento da caserna era simples: quanto menos problemas no país, melhor. E, se a seleção ganhasse, haveria menos problemas.

A CBD era presidida por um almirante, Heleno Nunes, presidente da Arena, o poderoso partido do governo militar, no Rio.

"

Brandão sempre foi meu técnico favorito – disse o almirante
quando o contratou para treinar a seleção.

"

Raul Carlesso, que treinava os goleiros, era tenente do Exército. Carlos Alberto Cavalheiro, ex-goleiro do Vasco e da Portuguesa, era supervisor da seleção e estava na ativa pela Aeronáutica. Cláudio Coutinho, auxiliar técnico, era capitão do Exército. Havia uma forte presença militar na seleção brasileira. Esperto, Brandão sabia como fazer média com os militares. Nunca batia de frente, mas conseguia manter o comando do time sem interferência da turma de farda.

Maffia tinha certeza de que Brandão, cedo ou tarde, revelaria quem era o autor dos misteriosos telefonemas noturnos. Até que revelou: era o general João Batista de Oliveira Figueiredo, chefe do temido SNI (Serviço Nacional de Informações) no governo de Ernesto Geisel e futuro presidente da República (o último do regime militar).

"

Por isso que eu digo que a ditadura militar derrubou o
Brandão. Eu acho isso. O Figueiredo telefonava toda noite
para saber como estava a seleção, e tinha toda aquela onda
da imprensa carioca por causa do Marinho Chagas. Quando
empatamos o jogo, a pressão ficou insustentável.

"

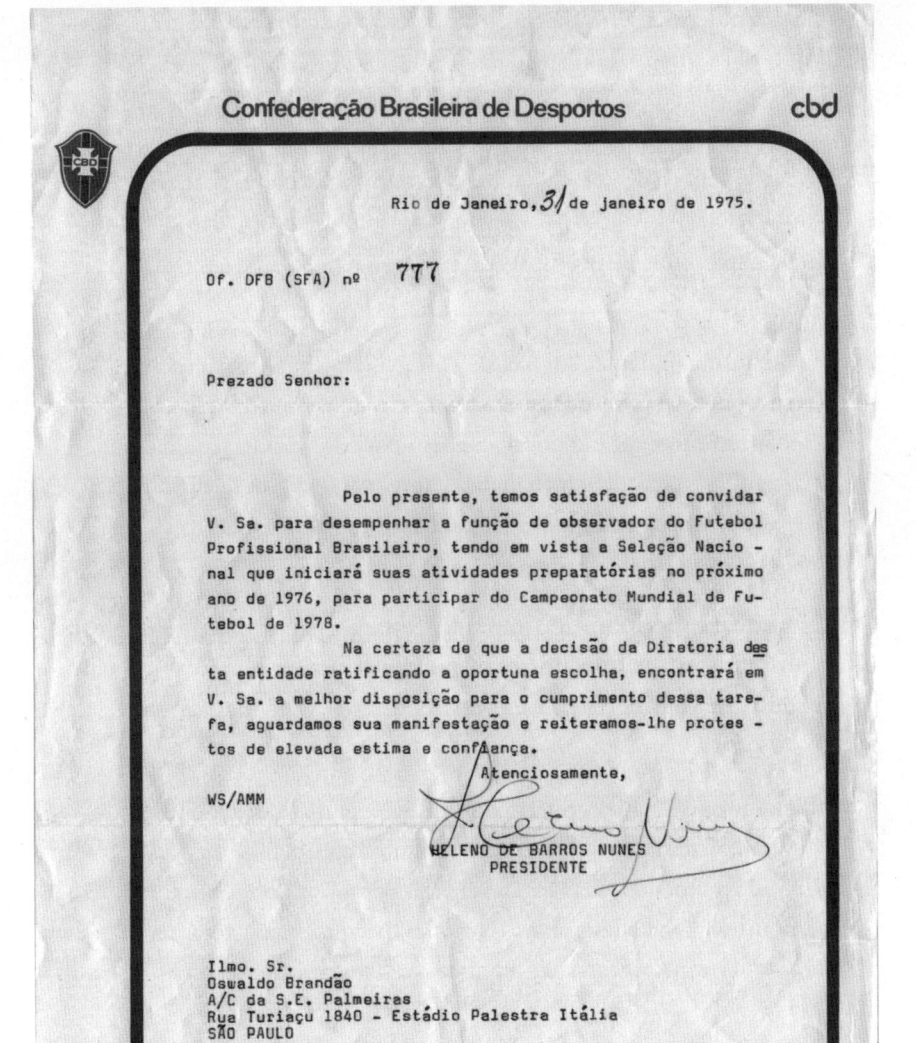

Confederação Brasileira de Desportos   cbd

Rio de Janeiro, 31 de janeiro de 1975.

Of. DFB (SFA) nº 777

Prezado Senhor:

Pelo presente, temos satisfação de convidar
V. Sa. para desempenhar a função de observador do Futebol
Profissional Brasileiro, tendo em vista a Seleção Nacio -
nal que iniciará suas atividades preparatórias no próximo
ano de 1976, para participar do Campeonato Mundial de Futebol de 1978.

Na certeza de que a decisão da Diretoria des
ta entidade ratificando a oportuna escolha, encontrará em
V. Sa. a melhor disposição para o cumprimento dessa tarefa, aguardamos sua manifestação e reiteramos-lhe protes -
tos de elevada estima e confiança.

Atenciosamente,

WS/AMM

HELENO DE BARROS NUNES
PRESIDENTE

Ilmo. Sr.
Oswaldo Brandão
A/C da S.E. Palmeiras
Rua Turiaçu 1840 - Estádio Palestra Itália
SÃO PAULO

detentora da Copa Jules Rimet

Assinada por Heleno de Barros Nunes, presidente da CBD, a carta
convidava Brandão para assumir o comando da seleção.

133

Nas quase três semanas em que a seleção ficou em Bogotá, houve tempo para que fosse disputado um amistoso contra o Millonarios, tradicional time colombiano. Foi em 6 de fevereiro de 1977, e o Brasil venceu por 2 a 0, com gols de Zico e Dinamite.

Mas o time não era a única preocupação de Brandão, como recordou Zico. Havia o problema do filho Márcio, e o treinador precisava desabafar com os amigos.

"

Tinha uma pracinha em frente ao hotel em que o Brasil estava em Bogotá, e o Brandão pedia para eu me encontrar com ele todas as noites ali. Ele queria alguém para conversar, para falar do filho – recorda o jornalista Edson Scatamachia, autor do furo de reportagem da saída de Marinho Chagas do time.

"

Durante o período de preparação para o jogo contra o Brasil, a Colômbia acertou um amistoso contra o time do Cruzeiro, para testar seu time diante da escola brasileira.

"

Uma noite o Brandão me encontrou na pracinha e disse: 'Barba, você vai comigo ver o jogo da Colômbia contra o Cruzeiro.' Tentei argumentar, mas não teve jeito. Fomos os dois, ele me fez entrar na fila para comprar as entradas, porque queria ver o jogo da arquibancada, algo impensável nos dias de hoje.

"

Em 11 de fevereiro de 1977, o Cruzeiro não teve problemas para derrotar a seleção colombiana por 2 a 0, com dois gols do endiabrado ponta-esquerda Joãozinho, e Brandão vendo tudo na arquibancada. O treinador ficou impressionado com a facilidade encontrada pelo time mineiro, mas os ataques colombianos pelo lado direito o deixaram preocupado. O que reforçou a ideia de escalar Wladimir, muito mais marcador que Marinho Chagas.

Em 20 de fevereiro de 1977, o Brasil empatou sem gols com a Colômbia, no estádio El Campín, em Bogotá. Com Wladimir na lateral-esquerda. Além de um controverso gol anulado do atacante brasileiro Waldomiro, ficou marcada outra imagem daquela partida. As câmeras de TV mostraram Brandão em pé, ao lado do banco de reservas, pedindo insistentemente para que Wladimir atacasse. "Vai, garoto, vai, garoto!", berrava o treinador. Mas, talvez assustado com a canseira que vinha tomando do abusado atacante colombiano Ortiz, Wladimir, que jogou mal, tentou defender seu setor a qualquer custo.

Aquela imagem irritou demais o almirante. Empatar com a Colômbia era considerado um vexame para o Brasil naqueles tempos.

"

Precisamos procurar novos rumos, e rápido –
declarou o presidente da CBD.

"

Brandão sabia que seria demitido na volta ao Brasil.

"

Depois do jogo, quando já estávamos no hotel, o Brandão foi
até o meu quarto. Ele estava nervoso, entrou, fechou a porta
e me perguntou se eu tinha alguns dólares para emprestar,
porque ele precisava fazer umas compras. Ali eu já sabia que
ele estava fora da seleção – recorda Rivellino.

"

André Richer (posteriormente presidente do Comitê Olímpico Brasileiro), então dirigente do Flamengo e diretor de seleções da CBD, não tinha viajado a Bogotá. Ainda no avião que levou a seleção da Colômbia para o Rio, Brandão foi avisado por Radamés Lattari (pai do ex-treinador da seleção brasileira de voleibol Radamés Lattari Filho), que era o dentista da seleção, de que, assim que chegasse ao Rio, deveria conversar com André Richer.

"

Eu não saio do avião. Se ele quiser falar comigo,
que venha até o avião – respondeu Brandão.

"

O voo era Bogotá-São Paulo, com escala no Rio, e antes do destino final Brandão já sabia que desembarcaria desempregado em Congonhas.

Para Maffia, não há dúvidas:

"

Aquela foi a maior decepção da carreira do Brandão. Ele sentiu
demais a saída da seleção, porque tinha o sonho de treinar o
Brasil numa Copa do Mundo.

"

Cláudio Coutinho assumiu a vaga que era de Brandão, com quem tinha um relacionamento ambíguo. Na partida que valia a medalha de ouro dos Jogos Pan-Americanos da Cidade do México, em 1975, o Brasil estava empatando com os anfitriões por 1 a 1 quando, no início do primeiro tempo da prorrogação, houve uma queda de energia no estádio Azteca. Após alguns minutos, os refletores foram acesos, mas logo depois, escuridão total novamente. A torcida mexicana, irritada com a falta de informação sobre o que aconteceria, começou a atirar latas de cerveja em campo. Preocupado, Brandão, que supervisionava a seleção comandada pelo ex-craque Zizinho, sugeriu a ele que acatasse a ideia do treinador mexicano, Diego Mercado, que pedia que as duas seleções recebessem a medalha de ouro.

Coutinho, que integrava a comissão técnica, ficou indignado com a intervenção de Brandão e insistiu para que o Brasil esperasse a volta da energia e disputasse o restante do jogo. Brandão mandou que Coutinho calasse a boca, e a medalha foi dividida. Isso tudo com vários repórteres como testemunhas.

Aquela atitude intempestiva de Brandão para com Coutinho, sujeito calmo, educado e muito querido pela mídia carioca, ajudou a alimentar a tensão entre o treinador da seleção brasileira e os principais meios de comunicação do Rio de Janeiro. Embora tenham convivido ainda durante muito tempo, Coutinho e Brandão não eram amigos. Mesmo assim, ao ser confirmado como substituto de Brandão, Coutinho telefonou imediatamente para o ex-treinador para falar sobre o time.

Quando a demissão de Brandão foi confirmada, seguida pela notícia da efetivação de Coutinho como seu substituto, perdeu-se completamente o pudor na batalha entre os veículos de comunicação do Rio e de São Paulo. As emissoras de rádio paulistas emitiam opiniões acaloradas, com termos deste tipo: "A volta da máfia", "Mais um golpe do bando carioca". Em sua coluna no *Jornal do Brasil*, chamada Campo Neutro, José Inácio Werneck deixou a neutralidade de lado e contra-atacou: "Brandão se demite sem ter a apoiá-lo um único analista sério do futebol brasileiro." Para a *Folha de S.Paulo*, "o trabalho de André Richer nos bastidores tinha um objetivo: a derrubada do competente Brandão."

A estreia de Coutinho foi num amistoso contra um combinado Botafogo-Vasco, em 3 de março de 1977. Vitória por 6 a 1. No dia 9, o jogo de volta contra a Colômbia pelas Eliminatórias ocorreu num Maracanã abarrotado por inacreditáveis 162.764 pagantes. Marinho Chagas começou jogando, para delírio da torcida e da imprensa do Rio. Fez um gol aos 40 do primeiro tempo e foi substituído por Edinho. O Brasil venceu por 6 a 0, e Cláudio Coutinho, que faleceu precocemente durante um mergulho para caça submarina em 1981, foi à Copa do Mundo da Argentina como técnico da seleção. Voltou invicto, com o título de "campeão moral" e a medalha de terceiro colocado.

Se, para Hélio Maffia, a demissão do cargo de técnico da seleção brasileira em 1977 teria sido a grande mágoa da carreira de Brandão, a filha do treinador, Regina, afirma que ele sofreu mais ao ser impedido de treinar o Brasil na Copa de 1958.

137

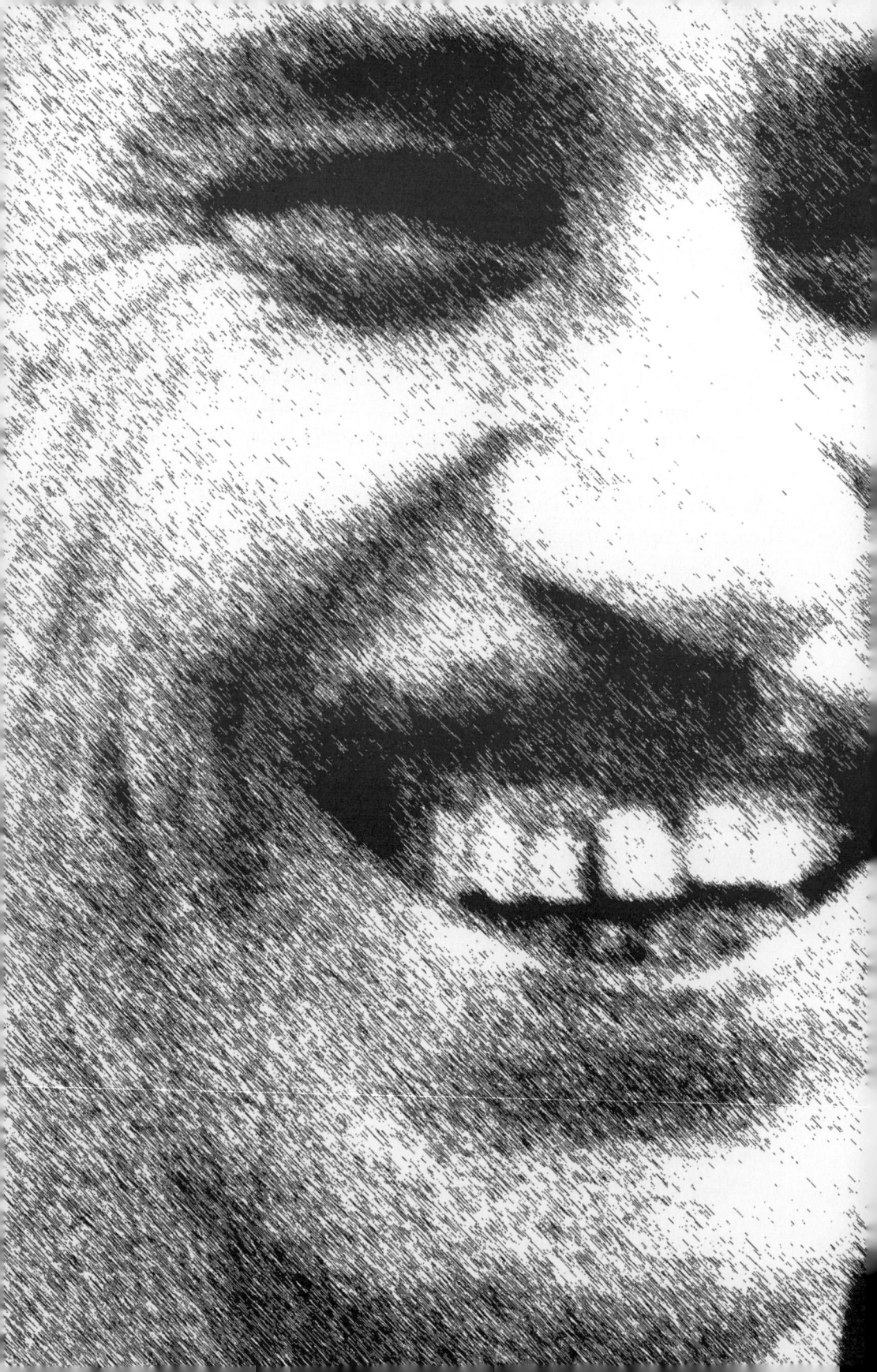

O Libertador
corintiano

Brandão passava por um período difícil em sua vida particular e profissional em 1977. A família sofria com o fim do casamento da filha Regina e com a grave doença do filho Márcio. Também em 1977, Brandão tinha sido demitido do comando da seleção brasileira. Era uma época de provação.

Vicente Matheus era o presidente do Corinthians. Para ele, que tinha sido diretor na época do último título, em 1954, somente um treinador com o perfil de Brandão poderia resolver os problemas do time. O Corinthians tinha contratado Palhinha, estrela do Cruzeiro, campeão da Copa Libertadores da América de 1976. O técnico era Duque (David Ferreira), vice-campeão nacional em 1976. Na estreia de Palhinha, derrota corintiana para o Guarani por 3 a 0. Matheus decidiu que era o momento de pedir socorro a Brandão, que foi contratado e estreou no empate por 1 a 1 com o Internacional, pela Taça Libertadores da América de 1977.

"

Eu lembro que meu pai voltou para casa e disse que tinha
assinado contrato com o Corinthians. Estranhamos, porque
ele tinha ficado muito desiludido com a saída da seleção.
Mas ele estava convicto e disse: 'Vai ser complicado, porque
eles estão muito abalados. Mas é com esse time que eu vou
ser campeão' – conta Regina.

"

A partir daquele jogo, o novo comandante traçou um plano.
Chamou alguns de seus auxiliares de maior confiança para compor
a comissão técnica. José Teixeira e João Avelino seriam os assistentes.
Teixeira cuidaria da parte científica e Avelino, dos assuntos mais boleiros, como a relação com os jogadores no dia a dia, a administração
de pequenos problemas etc.

Teixeira, um estudioso, utilizou sua bagagem na preparação física e também ousou, adotando um método pouco conhecido àquela época, chamado de ciclobiologia, ou biorritmo. Era uma análise
do provável desempenho dos atletas de acordo com sua data de nas-
cimento e a posição dos planetas naquele dia, numa mistura de História, Estatística e Astrologia.

Apelidado "71", Avelino, que morreu em 2006, era adorado
pelos jogadores por causa do jeito simplório e do bom humor. Por
isso Brandão confiava a ele tarefas complicadas, como o controle no
que se referia ao exagero na noite, nas boates, nos prostíbulos. Benê
Ramos completaria o grupo de liderança, auxiliando na preparação
física e estudando os adversários. O primeiro diagnóstico de Brandão
era de que aquele grupo precisava de carinho. Ele achava o time
bom, mas sem confiança.

"

Decidimos que não contrataríamos ninguém e que não
mandaríamos nenhum jogador embora – recorda José Teixeira.

"

Foi assim, com uma medida simples, valorizar os profissionais com quem trabalharia, que Brandão recuperou o ânimo dos jogadores. Quase todos os atletas chamavam o treinador de pai. Era como pai que Brandão orientava em situações como ajudar o lateral-esquerdo Wladimir a ter sua primeira caderneta de poupança. Ou então aconselhar jogadores no momento de comprar a casa própria.

Após nova derrota para o Guarani, dessa vez pelo Campeonato Paulista, em 21 de setembro de 1977, Brandão conseguiu mais uma de suas mágicas, a de transformar em esperança um ambiente contaminado pela derrota. O Corinthians estava cinco pontos atrás do São Paulo e havia apenas seis ainda em disputa (naquele tempo, a vitória em uma partida de futebol valia apenas dois pontos, e não três).

"

Chegamos ao vestiário e os jogadores não tinham nem tirado
as chuteiras, todos estavam cabisbaixos, olhando para o chão,
não reagiam. O João Avelino foi até o Brandão e propôs que
ele marcasse um treino para o dia seguinte, uma segunda-feira,
normalmente dia de folga dos jogadores – recorda José Teixeira.
Boa ideia – respondeu o comandante.

"

O treinador percebeu que o presidente do clube, Vicente Matheus, passava pela porta do vestiário e vinha bufando, seguido por seu irmão, Isidoro, e um cordão de puxa-sacos.

Falando alto, em tom agressivo, principalmente para Matheus e os dirigentes ouvirem, Brandão fez sua voz grave ecoar pelo enorme vestiário do Pacaembu.

"

O problema é o seguinte: amanhã nós vamos treinar às nove
horas da manhã. Não tem folga para ninguém. Quem acha
que não dá mais para ser campeão nem precisa aparecer.

"

141

Matheus e os dirigentes foram surpreendidos pela atitude. Deram meia-volta e saíram do vestiário.

No dia seguinte, todos os jogadores apareceram para treinar, pontualmente. Antes de subir para o gramado do Parque São Jorge, Brandão reuniu os jogadores no vestiário. Deu o recado, básico como seu vocabulário. Era preciso acreditar, nada estava perdido, ele confiava nos jogadores. Ficou combinado que nas entrevistas os jogadores não falariam da derrota para o Guarani, mas apenas do próximo jogo, contra o Botafogo, em Ribeirão Preto.

O truque funcionou. Os jogadores fizeram um rachão, o popular jogo entre eles no treino. Foram apenas dois tempos de 15 minutos, mas a disposição era de final de Copa do Mundo. O time venceu em Ribeirão Preto, ganhou da Portuguesa e chegou ao duelo contra o São Paulo apenas um ponto atrás do rival. Venceu por 2 a 1 e se classificou para a decisão, uma melhor de três, contra a Ponte Preta.

Brandão precisou lançar mão de quase todos os truques acumulados ao longo dos até então 30 anos de carreira como técnico para vencer o título paulista de 1977.

Entrou para a história do Corinthians o caso de Basílio, o autor do gol na vitória por 1 a 0 sobre a Ponte Preta no jogo do título. Brandão dizia aos jogadores que recebia mensagens do plano espiritual. As mensagens adiantariam coisas que aconteceriam nos jogos.

O capitão Zé Maria e Basílio dividiam o quarto na concentração. Esgotados pelo esforço dos jogos e pela tensão envolvida, ambos reclamavam de dores musculares e eram considerados dúvidas para o terceiro jogo da final. Os médicos avisaram que eles dependeriam de um teste no vestiário antes do jogo.

"

Eu falava para o Zé toda hora que era injusto a gente ficar de fora na hora do filé – recorda Basílio.

"

Com Lance (de bigode) ao fundo, Brandão dirige o
Corinthians nos anos 1970.

Na manhã da quinta-feira decisiva, Brandão invadiu o quarto
da dupla pela manhã, quando ambos ainda dormiam.

> "
> Ele tinha um jeito todo especial de acordar os jogadores.
> Entrava no quarto e colocava o pé no pescoço da gente.
> Entrou, virou-se para mim e disse: 'Levanta, Neguinho, que
> hoje eu sonhei que você vai fazer o gol do título!'
> "

E Basílio fez.

Ao final do jogo, com o título assegurado, Basílio correu até
Brandão, abraçou o chefe e ouviu dele a seguinte frase:

143

> "
>
> Eu não disse?
>
> Mas será que ele sonhou mesmo? – ainda pergunta, muitos anos depois, José Teixeira. Ou foi golpe psicológico? O Brandão usava muito isso e dava certo.
>
> "

Com Palhinha, Brandão usou outro truque psicológico, que abriu sua intimidade, como poucas vezes havia feito na vida, escancarando o sofrimento provocado pela doença de seu filho.

Palhinha tinha se machucado no segundo jogo, derrota por 2 a 1 para a Ponte, no Morumbi. Ainda no vestiário, Brandão foi conversar com ele e fez questão que todo o grupo de jogadores ouvisse.

> "
>
> E aí, Palha, vai dar pra jogar na quinta-feira?
>
> Acho que não, chefe, tá doendo muito.
>
> Mas dá pra ficar em pé, dá para andar? – insistiu Brandão.
>
> Acho que dá – respondeu o jogador.
>
> Então você tem que jogar. A minha dor é muito maior do que a sua, ele não se levanta da cama há vários meses e eu estou aqui trabalhando para dar o título ao Corinthians e para esse povo bom que paga nosso salário.
>
> "

Palhinha chorou muito ao ouvir aquelas palavras. Fez até mais do que o tratamento previsto, mas não jogou. Foi substituído por Luciano. Brandão conseguiu com que o vestiário capturasse sua dor e a de Palhinha e a transformasse em mais luta e dedicação. Essa dedicação no estilo de pai para filho explica a incrível recuperação psicológica do time corintiano após a derrota por 2 a 1 para a Ponte no segundo jogo da decisão.

"

O pai é demais. Eu sou cabeça fresca, não esquento muito,
mas confesso que balancei um pouco depois da derrota. Mas o
receio só durou até a gente chegar ao clube e ouvir o pai falar
sobre força de vontade, sobre seriedade, sobre humildade, essas
coisas todas – relatou o ponta-esquerda Romeu ao repórter
José Maria de Aquino, na edição número 391 da revista *Placar*,
de 21 de outubro de 1977.

"

Um pouco antes, no domingo do segundo jogo da série decisiva, dia 9 de outubro de 1977, houve o momento mais tenso para o grupo de jogadores e a comissão técnica do Corinthians. O ponta-direita Vaguinho estava suspenso e não tinha atuado no primeiro jogo, vencido por 1 a 0 pelo Corinthians. Brandão havia gostado do desempenho do time e decidiu manter a equipe sem alterações, com Basílio ocupando a vaga que era de Vaguinho. O time estava concentrado em um hotel na cidade de Embu das Artes, na região metropolitana de São Paulo. Na manhã de domingo, após fechar a escalação com a comissão técnica, Brandão foi até o quarto que Vaguinho dividia com Palhinha para comunicar a decisão (era uma prática do treinador dizer pessoalmente aos jogadores que eles sairiam do time). Vaguinho, que estava fazendo a barba quando Brandão entrou, ficou enfurecido. Argumentou que deveria jogar, mas não conseguiu.

Assim que o treinador deixou o quarto, o ponteiro arrumou sua mala e foi até a recepção do hotel pedir um táxi. O recepcionista do hotel disse que só existia um ponto na cidade e não havia carro naquele momento. Brandão havia orientado os funcionários do hotel a avisar se os jogadores fizessem qualquer pedido à recepção. Foi informado sobre o pedido de táxi feito por Vaguinho e disse aos auxiliares:

"

Ele quer ir embora? Pode ir.

"

Entraram em cena Teixeira e Avelino para administrar a crise.

"

Foi o momento mais difícil daqueles dias. Imagine o que aconteceria se a imprensa soubesse que o Vaguinho tinha fugido da concentração no dia do jogo? – pergunta o capitão Zé Maria.

"

O funcionário do hotel também contou a Brandão que Vaguinho havia telefonado para sua casa e falado com a esposa, Maria do Carmo, avisando que estava abandonando a concentração.

"

Foi um deus nos acuda. O Brandão até pediu para a companhia telefônica que bloqueasse o número da casa do Vaguinho – lembra Zé Maria.

"

Enquanto aguardava o táxi, que nunca chegou, Vaguinho foi levado por José Teixeira para uma mesa à beira da piscina do hotel. Transtornado, o jogador parecia irredutível, a não ser por um alerta que tinha escutado da mulher, ao telefone.

"

Minha mulher me disse que, se eu abandonar a concentração e o time perder, a culpa da derrota será minha. E que, se o time ganhar, eu serei esquecido – contou Vaguinho, atropelando as palavras, a Teixeira.

"

146

Experiente, Teixeira disse a Vaguinho que sua esposa estava certa e que ele deveria pensar muito no que ela tinha dito. Terminou por convencer o jogador a retornar ao seu quarto e a ficar com o time.

A crise foi contornada, mas o Corinthians perdeu o segundo jogo para a Ponte Preta por 2 a 1. Vaguinho ficou no banco e não criou problemas. Ele entrou no lugar de Palhinha (que saiu contundido) e, inclusive, fez o gol corintiano. O que não evitou a derrota, pois a Ponte jogou uma partida sensacional, com atuações inspiradas de Dicá e Ruy Rey. A insegurança tomou conta dos quase 140 mil corintianos que haviam lotado o Morumbi. O baque foi forte entre os jogadores.

Outro momento tenso daquela temporada envolveu Adãozinho (falecido em 2011, aos 59 anos). O atacante era da turma dos boêmios e ficou encantado pela cantora Martinha, ídolo da Jovem Guarda. Como tinha feito uma grande amizade com o cantor Antônio Marcos (falecido em 1992), também oriundo da Jovem Guarda e no auge de sua popularidade, o jogador passou a frequentar a casa do artista, porque sabia que Martinha sempre aparecia por lá.

Eram tempos de ditadura militar e os artistas sofriam enorme perseguição. As batidas policiais eram frequentes. Brandão tinha amigos na polícia e recebia informações privilegiadas sobre o comportamento de alguns jogadores, para evitar alguns escândalos. Recebeu um telefonema avisando de que haveria uma batida na casa de Antônio Marcos e que Adãozinho estava lá. O treinador foi até a casa do cantor e conseguiu tirar Adãozinho dali antes que a polícia chegasse.

Em meio a toda essa tensão, havia situações engraçadas. Quase todas envolviam João Avelino, que sempre assumia as missões que envolviam os jogadores fora de campo. Brandão queria ter controle dos atletas em períodos decisivos e sabia que muitos deles gostavam da noite. O próprio treinador muitas vezes levava uma cadeira e sentava em frente à casa dos baladeiros para ficar vigiando.

O goleiro Tobias era notívago, difícil de ser controlado. Brandão ordenou que Avelino colasse nele. Quando o time não ficava em concentração exclusiva, Avelino era obrigado a vigiar o goleiro. Tobias morava em um edifício que pertencia ao presidente do Corinthians, Vicente Matheus. O prédio ficava próximo ao Parque São Jorge. Avelino posicionava-se no corredor de acesso ao apartamento de Tobias, para certificar-se de que o atleta não escaparia para alguma boate.

> "
> É sacanagem comigo! O Tobias parece um morcego, só sai à noite – reclamava Avelino com os demais jogadores.
> "

O que Avelino e Brandão não sabiam era que Tobias encontrara uma maneira de escapar da marcação. Os apartamentos tinham uma saída para um outro corredor, do lado oposto da entrada social, que podia ser acessado por uma pequena janela do banheiro de serviço. O "morcego" saía por ela todas as noites, enquanto Avelino relatava a Brandão que Tobias havia dormido profundamente.

De volta à partida final de 1977, havia pouco tempo para recuperar os ânimos e injetar confiança no time e na torcida. Brandão e sua comissão técnica decidiram adotar uma estratégia diferente com os jogadores. Em vez de analisar tudo que havia acontecido na derrota de domingo, optaram por tirar o peso daquela partida e concentrar esforços no jogo final. Reuniram os jogadores, disseram que o jogo tinha sido normal e que dali em diante ninguém mais falaria sobre isso. Ficou combinado que, nas entrevistas, a derrota seria ignorada e qualquer pergunta sobre esse tema teria como resposta a preparação para o terceiro jogo. João Avelino espalhou entre os jogadores, nas conversas de concentração, que os atletas da Ponte Preta só falavam na vitória no Morumbi e ignoravam o terceiro jogo.

Para mostrar que estava fechado com os jogadores, Brandão, que já havia "peitado" o presidente Vicente Matheus no episódio em que o dirigente invadira o vestiário do Pacaembu após a derrota para o Guarani, voltou a enquadrar o cartola. Foi quando Matheus reuniu alguns líderes do elenco para discutir a premiação que seria paga em caso de título. O encontro aconteceu alguns dias antes do primeiro jogo contra a Ponte Preta. Como sempre, Brandão participou. Ao perceber qual era o intuito de Matheus (pagar menos em prêmios), interrompeu a conversa e falou grosso com ele.

"

Jogador joga e dirigente dirige. O senhor estuda o prêmio que quer dar e nós aceitamos. Mas lembre de uma coisa: a responsabilidade é sua e da diretoria.

"

O recado fez com que Matheus pagasse o maior prêmio que poderia pagar naquele instante. Era assim que Brandão tinha convencido os jogadores do Corinthians a buscar o que muitos corintianos não acreditavam mais ser possível: um título.

O Campeonato Paulista de 1977 foi a última grande conquista de Oswaldo Brandão como treinador. Distante 32 anos da primeira taça levantada por ele, em 1945, pelo Palmeiras. Seguramente foi seu último grande esforço para buscar algo que amenizasse o sofrimento provocado pela doença de seu filho. Todos que conviveram com Brandão daquele período em diante, familiares e amigos mais próximos, jogadores e jornalistas, são unânimes em afirmar que ele depositou quase toda sua energia naquele projeto. O ano de 1977 seria fundamental na biografia de Brandão. A enorme alegria pela conquista do título, tão esperado pelos corintianos, apenas amenizou o sofrimento provocado pela demissão do cargo de treinador da seleção brasileira e pela confirmação dos médicos de que não havia esperança para Márcio.

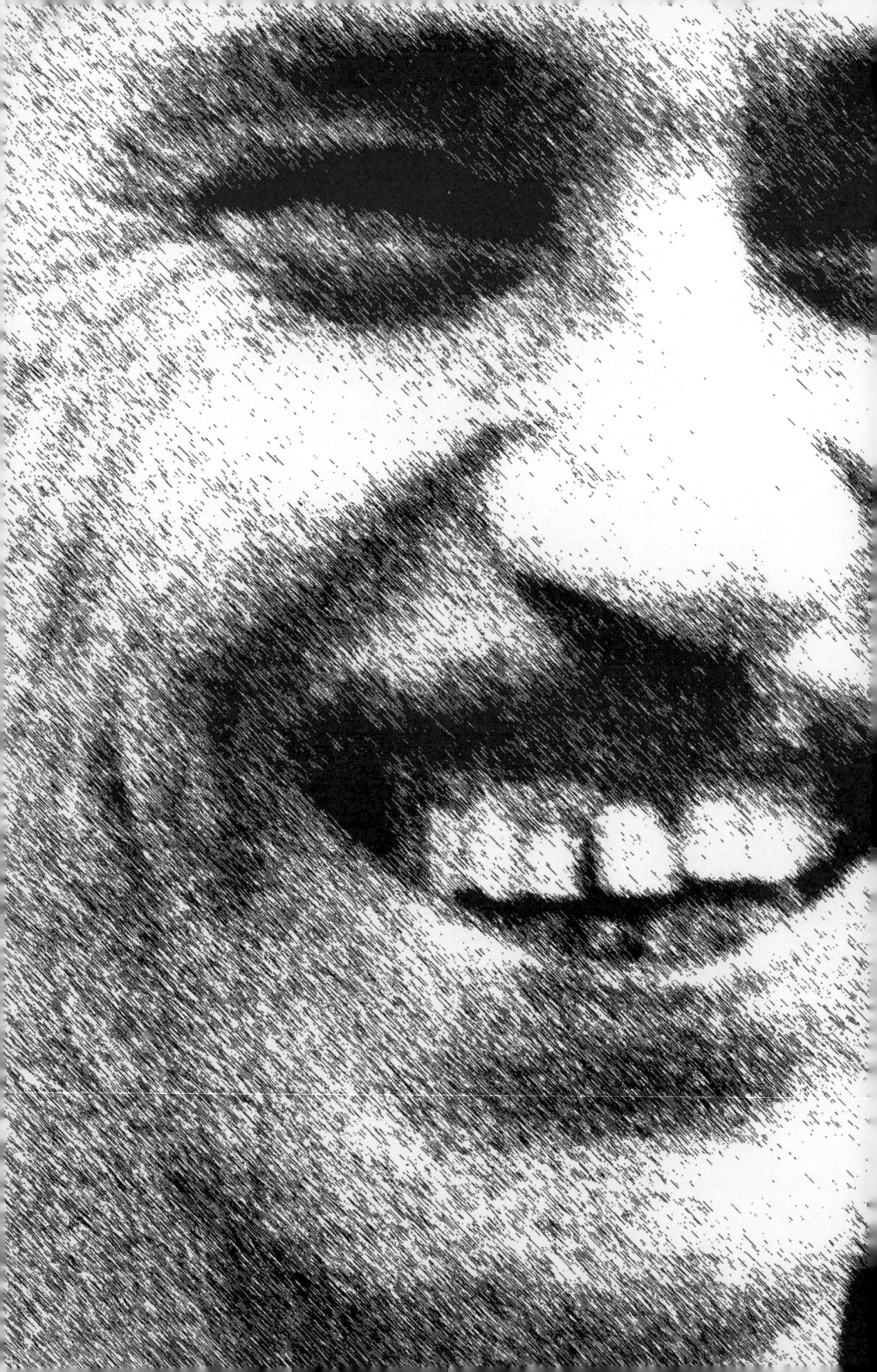

"Tenho um punhal no peito. Se arranco, dói. Se deixo, dói"

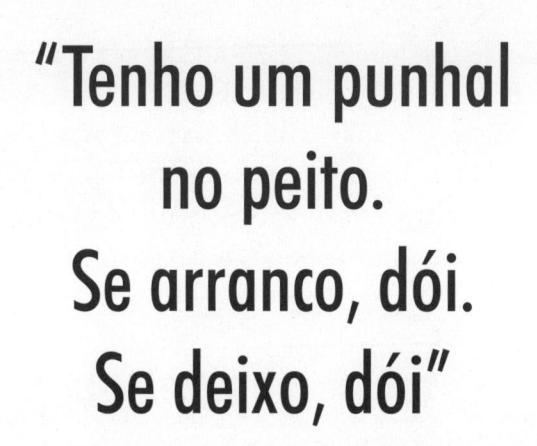

No início dos anos 1970, uma das principais diversões da turma de Engenharia Civil da Faap, em São Paulo, era descer a Serra do Mar aos sábados para badalar nos arredores da Ilha Porchat, em Santos. A moda masculina pedia calça boca de sino, cabelos compridos, camisas com golas quilométricas e botões abertos mostrando o peito, geralmente ornamentado com medalhões e correntes douradas. As mulheres adotavam cabelos longos, vestidos brilhantes e de cores chamativas, sapatos de salto alto e muita maquiagem.

Nesse clima de descobertas tão próprio da juventude, fazia muito sucesso um rapaz chamado pelos amigos de Grande Nega. Alto, forte, boa pinta, cabelos negros na altura dos ombros, bigode e barba. Os amigos grudavam em Grande Nega não apenas pela simpatia que emanava do rapaz, mas também porque ele vivia rodeado de belas mulheres. Era modelo, já tinha desfilado para Dêner e Clodovil, os maiores estilistas do país. Jogava basquete, fazia atletismo e era piloto de corridas. Como se dizia naqueles tempos, chovia na horta de Grande Nega e, como parasitas, seus amigos o rodeavam em busca de uma sobra.

Numa dessas jovens tardes de fim de semana na Ilha Porchat, Grande Nega aproximou-se de Arnaldo Pirajá, um de seus amigos do curso de Engenharia, colocou a mão direita no seu ombro e reclamou:

"

Arnaldo, não estou me sentindo muito bem. Estou com
tontura e um pouco de dor de cabeça.
Não deve ser nada, apenas uma labirintite. Mas não deixe de ir
ao médico para ver isso – recomendou o amigo.

"

Aquele grupo de amigos que cercava Grande Nega e admirava seu bom humor e o magnetismo com as garotas foi testemunha dos primeiros sinais de uma mudança que se revelaria dramática na vida daquele jovem e de sua família.

Grande Nega era o apelido dado pela moçada da Faap para Márcio Eduardo Barone Brandão, numa referência à pele morena, à altura e aos cabelos negros. Filho mais novo de Oswaldo Brandão, Márcio era companhia inseparável do pai, um parceiro. Frequentava hotéis, concentrações e treinamentos dos times de futebol que o pai dirigia, até mesmo da seleção brasileira.

Após se formar engenheiro, em 1972, Márcio dedicou-se profundamente ao trabalho espiritualista de cunho assistencial. Toda sua família era bastante espiritualizada. Na casa dos Barone Brandão, a leitura do Evangelho acontecia todas as terças-feiras, sempre sob o comando do patriarca Oswaldo.

As dores de cabeça e tonturas que foram relatadas por Márcio aos colegas de faculdade tornaram-se mais intensas. Uma terrível coincidência se configurava. Enquanto vivia seus melhores anos como treinador de futebol, sua época de glória, Oswaldo Brandão começava a atravessar o calvário de sua vida particular.

Arquivo pessoal de Regina Brandão

Márcio, Regina, Luiza (os três lendo jornais)
e Brandão, em casa: o refúgio preferido do
treinador era a família.

Márcio havia sido submetido a uma bateria completa de exames a fim de buscar uma explicação para as crises de tontura e dor de cabeça. O resultado teve efeito devastador para a família: Márcio tinha um tipo raro de tumor no cerebelo (parte do sistema nervoso central responsável por equilíbrio, tônus muscular e movimentos).

"

O Brandão era tão especial que, quando me deu a notícia da doença do Márcio, eu percebi que ele estava arrasado, mas ele demonstrou uma enorme preocupação comigo. Ele dizia assim: 'Cidinho, não tem cura, mas é benigno. Nós vamos sair dessa' – recorda Augusto Cid Otero, a quem Brandão chamava de Cidinho, mas que os amigos da Faap conheciam como Cidão. Ele era o melhor amigo de Márcio no período da faculdade, companheiro de corridas de *kart* e automóvel.

"

153

Durante um período, o tratamento adotado, quimioterapia para reduzir o tumor, deu resultado. Márcio melhorou e levou uma vida relativamente normal até maio de 1973, quando começou a ter fortes crises de enjoo e a desmaiar frequentemente. Regina, sua irmã, estava com o casamento marcado para o dia 10 de julho de 1973, e Márcio teve um complexo exame programado para o dia 11. Ele não aceitou que a irmã alterasse a data e incentivou os pais a prepararem uma grande festa de casamento.

"

O Brandão recebeu a notícia de que a doença do Márcio havia piorado poucos dias antes do casamento da filha. O Márcio foi ao casamento da Regina praticamente carregado. Pouco depois foi internado, e o Brandão ficou ao lado dele no hospital o tempo todo – recorda Márcio Papa, conselheiro e dirigente do Palmeiras, que era amigo íntimo da família e do treinador.
A gente tinha se formado e cada um foi para um canto, fazia tempo que eu não via o Márcio. Então, quando o vi no casamento da Regina, foi um choque. Aquele cara alto, forte, atleta, estava sendo segurado para conseguir ficar em pé no altar durante o casamento da irmã – lembra Cidão.

"

Oswaldo Brandão tinha amigos e recursos e não os poupou na busca pelo melhor tratamento possível para o filho. Ele era muito ligado ao médico David Rosenberg, que conhecia desde os anos 1950, quando foi operado por ele de uma úlcera. Desenvolveram uma sólida amizade. O médico era pai de Luís Paulo Rosenberg, que no futuro seria vice-presidente de marketing do Corinthians (mais uma das coincidências que uniram Oswaldo Brandão aos eternos rivais Corinthians e Palmeiras, o time que era treinado por Brandão naquele período). Houve uma tentativa de operar o tumor e Márcio, pela gravidade e complexidade do quadro, foi colocado em estado de coma induzido. A cirurgia não foi recomendada, porque havia dois riscos muito grandes: de morte durante o procedimento ou de graves sequelas, entre elas o paciente ficar paraplégico.

Durante o estágio do coma induzido do filho, Brandão não arredou pé do hospital e recebeu muitas visitas. Uma delas foi a do humorista Chico Anysio, que era, como gostava de frisar, torcedor do Palestra e amigo do treinador.

> **"**
>
> O Chico sabia que o Brandão era espírita e deu a ele um livro chamado *Universo em desencanto* [na verdade, era um dos mil volumes da obra *Universo em desencanto*, base do movimento conhecido como Cultura Racional, fundado por Manoel Jacintho Coelho. O movimento atraiu muitos adeptos famosos, como o cantor Tim Maia, e durante certo tempo chamou a atenção de Chico Anysio]. Quando Márcio despertou do coma induzido, Brandão contou da visita e mostrou o livro – relembra o xará Márcio Papa.
>
> **"**

O que aconteceu a seguir deixou as testemunhas daquele momento desconcertadas.

> **"**
> Filho, o Chico Anysio esteve aqui enquanto você estava dormindo e me deu este livro. Quero que você leia – pediu Brandão.
> Eu já li, pai – respondeu Márcio.
>
> **"**

Segundo seus pais e a irmã, Márcio jamais tinha lido a versão impressa do livro, mas de alguma maneira conhecia o conteúdo da obra em detalhes. Pedia que o pai abrisse determinada página e repetia trechos inteiros, para assombro de Brandão.

"

Pai, fique tranquilo. Ainda vou viajar para a Índia, cumprirei outras etapas de minha missão antes de desencarnar – disse Márcio, para um atônito Oswaldo Brandão.

"

A viagem realmente ocorreu, e Márcio, além da Índia, foi para diversos países da Europa durante seis meses. Antes, fez quimioterapia para reduzir o tamanho do tumor e buscou tratamento espiritual e terapias alternativas.

Brandão tinha devoção para com a esposa e os filhos. Embora jamais tenha sido rico, o treinador deu tudo que pôde para os filhos em termos de educação e conforto, e não disfarçava o orgulho pelo fato de ele, homem simples, sem estudo, ter criado uma filha terapeuta holística e um filho engenheiro. Ele vivia seu melhor momento profissional na década de 1970. Tinha sido campeão paulista com o São Paulo, em 1971; com o Palmeiras, em 1972; além de bicampeão brasileiro com o Verdão, em 1972 e 1973. Ainda seria campeão paulista com o Palmeiras, em 1974, e com o Corinthians, em 1977. Retornaria ao comando da seleção brasileira em 1975 e conquistaria o título do Torneio do Bicentenário da Independência dos Estados Unidos da América, em 1976.

A piora no quadro do filho praticamente na semana do casamento da filha teve efeito devastador sobre Brandão. O sucesso no trabalho não bastava para atenuar o sofrimento pessoal dele e de Luiza. A esposa era quem segurava a barra durante as viagens e nos momentos de desilusão do marido com o mundo do futebol, principalmente com a falta de palavra dos dirigentes.

Após um período longe de casa, em virtude de uma excursão da seleção brasileira, Brandão retornou sem saber que outro drama se desenrolava. O casamento de Regina não deu certo. O fracasso do matrimônio da filha e a doença de Márcio instalaram uma bomba-relógio na alma de Brandão.

Geralmente, pais e filhos são mais próximos, enquanto mães e filhas desenvolvem mais afinidade. Não significa que falte amor de um lado e sobre de outro. No caso de Oswaldo Brandão, principalmente por conhecer o ambiente do futebol, Brandão blindava esposa e filha.

Com Márcio era diferente. O rapaz frequentava treinos, concentrações, era amigo dos jogadores, viajava com as delegações. Como o pai não gostava de dirigir, Márcio pilotava os três carros da família, um deles um Puma preparado para as corridas de categoria turismo.

Brandão acompanhava o filho sempre que podia e até frequentava algumas corridas. Numa das ocasiões, o treinador encontrou tempo para ir até o autódromo de Interlagos, onde o filho disputava a classificação para a tradicional prova Mil Milhas. O Puma de Márcio teve problemas e ele não conseguiu lugar para a largada, colocando-se apenas como um dos primeiros reservas. Como era comum que um ou dois dos classificados faltasse no dia da prova, ele estava confiante que alinharia. Mas naquele dia todos os classificados compareceram, e Márcio e o Puma teriam que retornar para casa sem correr.

Foi quando, surpresos, na torre de controle, os organizadores da prova perceberam uma aglomeração na área dos boxes. Um grupo de repórteres cercava alguém que se dirigia para a torre. Era Oswaldo Brandão. Ele tanto fez que conseguiu convencer os organizadores da prova a deixarem Márcio correr. A lista de participantes das Mil Milhas de 1970 não deixa dúvidas. O Puma número 74 alinhou no *grid*, comandado por dois pilotos: Walter Gonçalves e Márcio Eduardo Barone Brandão.

Além da formação como engenheiro, Márcio cursava Psicologia e se interessava por outras vertentes espiritualistas, além das cristãs. Ele trabalhava no Grupo Socorrista Razin, em São Paulo, quando, em 1974, um incêndio destruiu uma favela próxima à avenida dos Bandeirantes. Após participar ativamente do trabalho de auxílio aos desabrigados, decidiu que era preciso fazer algo mais. Convenceu a família e alguns amigos mais próximos de que deveria criar um local para cuidar daquelas e de outras pessoas necessitadas. Os desabrigados tinham sido transferidos para um barracão da prefeitura de São Paulo, no Jardim Iporanga. Com a ajuda do pai e de amigos, Márcio conseguiu comprar um terreno e deu início à construção de um centro assistencial para necessitados. Como já era engenheiro civil formado, projetou o prédio e cuidou da obra enquanto teve forças, por causa da doença.

Quando foi informado do risco de ficar paraplégico se fosse tentada uma cirurgia no local do tumor, Márcio optou por não tentar nenhum procedimento. A família aceitou sua escolha e tomou uma decisão conjunta.

> "
> O Márcio perguntou aos médicos quanto tempo tinha de vida. Ele era muito claro e direto nesse sentido. Quando soube que não seria muito, optou por parar com a quimioterapia e disse que não queria ir para o hospital, queria ficar em casa. Nenhum de nós queria morrer num hospital, então ali fizemos um pacto e decidimos que, se qualquer coisa acontecesse com qualquer um de nós, ficaríamos em casa, até o fim – revela Regina.
> "

A força espiritual de Márcio ficou registrada para sempre na memória da irmã em uma conversa familiar:

> "
> Eu não quero mais fazer nenhum tratamento. Ele não vai me fazer viver mais dez anos bem. Por isso vou lidar com a minha vida até onde Deus quiser.
> "

Antes de sua saúde piorar, Márcio cumpriu o desejo de fazer uma longa viagem, indo até a Índia. Ele partiu em busca de algumas respostas, além de aproveitar para ir a lugares que sempre quis conhecer, como a Inglaterra. A ideia era ficar um ano viajando, mas a realidade de sua saúde fez com que esse tempo fosse reduzido à metade.

À rotina de treinador de grandes times e da seleção de futebol vivida por Oswaldo Brandão foi incorporada uma nova situação. Era preciso cuidar do filho, gravemente doente, tentar blindar a fa-

O núcleo familiar dos Barone Brandão: união que gerou um pacto no qual todos concordaram em não morrer em um leito de hospital em caso de doença grave.

Arquivo pessoal de Regina Brandão

mília o máximo possível do interesse da mídia sobre essa situação e transformar a casa para oferecer conforto a Márcio, já que ele optara por não ser transferido para um hospital.

Um enfermeiro foi contratado para trabalhar 24 horas ao lado do paciente. Para ajudar no ânimo da família, havia uma amiga próxima que atuava como conselheira espiritual, Maria Rosa Teixeira. Ela esteve ao lado dos Barone Brandão nos momentos mais críticos.

> "
>
> Márcio tinha muita cultura espiritualista, não era preso
> a apenas uma doutrina. Tinha mais conhecimentos
> espiritualistas do que do espiritismo. Ele sabia mais do
> espiritualismo do que o pai e a mãe. Quando já estava doente,
> ele fez uma longa viagem, foi aos Estados Unidos, à Inglaterra,
> até à Índia. Tenho certeza de que nesse espaço de tempo ele foi
> ver algo relativo ao problema dele.
>
> "

Durante a viagem programada pela Índia e também pelo Tibete, Márcio esperava encontrar seu guia espiritual. Encontrou a resposta.

"

Na Índia, ele teve a revelação de que nosso guia espiritual era,
na verdade, o nosso pai – revela Regina.

"

Ainda que não fosse maligno, o tumor que afetava o cerebelo de Márcio Brandão impunha cada vez mais dificuldades ao seu cotidiano. Atletismo, basquete, automobilismo e desfiles como modelo foram substituídos por dificuldades de locomoção, respiração e até mesmo de expressão.

Além de prestar auxílio espiritual e amizade, Maria Rosa Teixeira teve acesso a um aspecto de Oswaldo Brandão e de sua família pouco ou nada conhecido de jogadores, torcedores e jornalistas.

"

Brandão era uma figura! Um homem muito bom. Simples,
enérgico, tinha um vozeirão, gritava, mas era muito do
coração. Luiza era a companheira ideal, disciplinada, dentro
do âmbito dela. Eles eram de uma retidão que não existe mais,
parece que isso rareou com o tempo, com o progresso. Diria
que eram de uma retidão franciscana. Dona Luiza era católica,
frequentava muito a igreja da Imaculada Conceição.

"

A proximidade fez com que a amiga testemunhasse momentos de grande dor, mas também de amor pleno.

"

Na época em que o Márcio já estava doente, o Brandão chegava
ao quarto onde o filho estava deitado, ia para cima da cama,
com todo o cuidado, e enchia o filho de beijos, na testa, no
rosto. Só quem viu de perto sabe como era isso. Eles ficavam de
braços e mãos dadas assistindo a jogos de futebol na TV. Foi um

período muito duro para o Brandão. A paixão dele era o futebol, ele não o deixava de lado, mas a situação do Márcio era muito triste. Ele me dizia, em desabafo: 'Tenho um punhal no peito. Se eu arranco, dói. Se eu deixo, dói. Não sei o que fazer.'

"

O que pôde ser feito foi oferecer conforto material e espiritual para que o processo fosse cumprido da melhor maneira possível. As limitações de Márcio foram ficando cada vez maiores. O desfecho estava próximo, como recorda dona Maria Rosa.

"

Márcio esteve lúcido até bem próximo do fim. Na última vez em que o vi, ele já não falava muito, enxergava pouco. Entrei no quarto e, imediatamente, a Luiza veio ficar ao meu lado, como sempre fazia. Olhei para o Márcio e disse: 'Que sufoco, hein, Márcio! Que sufoco!' Ele apenas concordou, movendo a cabeça. Fiquei ao lado dele, fui falando, serenando, com a palavra, a presença, tentando minimizar o sofrimento dele. Fui para a cozinha com a Luiza, sentei em um banquinho ao lado da mesa. Ela ficou ao meu lado e me perguntou: 'E então?' Eu apenas assenti com o olhar. De repente, ouvimos uma espécie de explosão que vinha da área de serviço. A cachorrinha Pink veio correndo, latindo. Naquele instante, nós soubemos que o Márcio estava pronto para partir. Vi nos olhos da Luiza aquele olhar de dor, de grande sofrimento.

"

O enfermeiro que cuidava de Márcio aproximou-se de Luiza e Maria Rosa e disse que o rapaz estava inconsciente. Para uma família que praticava e estudava a doutrina espírita, o episódio, ocorrido na quarta-feira, 6 de setembro de 1978, tinha uma explicação.

"

Meu pai não estava em casa, tinha ido a uma reunião.
Estávamos eu, minha mãe, Maria Rosa, Márcio e o enfermeiro.
Ouvimos um ruído forte, parecia um vidro quebrando. Eu fui
até a área de serviço ver o que era. Na verdade, nós sabíamos
que naquele momento o espírito do Márcio tinha ido embora.
Não são todas as pessoas que percebem isso, apenas as que têm
vidência, sensibilidade e estudo – conta Regina.

"

Márcio Eduardo Barone Brandão morreu no sábado, 9 de setembro de 1978. Durante seu velório, o pai era quem consolava jogadores, dirigentes, jornalistas e amigos. O punhal cravado no peito a que Oswaldo Brandão se referia tinha sido arrancado, mas as feridas jamais cicatrizariam.

Após a morte do filho, Brandão assumiu a missão de cuidar do projeto assistencial criado pelo herdeiro. A Fundação Márcio Brandão foi oficializada em 1986 e declarada de utilidade pública em 1988. Embora não tenha mais relação alguma com a família Barone Brandão, a fundação segue atuante no bairro Jardim Presidente, na cidade de São Paulo, prestando auxílio e oferecendo esperança a centenas de crianças, jovens e adultos. Segundo Regina:

"

O Márcio tinha uma espiritualidade muito avançada. Nós
só ficamos sabendo de algumas coisas que fez, depois que
morreu. Ele voltou da Europa de navio e controlou uma
situação muito séria durante a viagem. Um passageiro estava
drogado e invadiu um dos salões do navio, armado com uma
faca, ameaçando matar pessoas. O Márcio controlou a situação
e desarmou o rapaz, simplesmente conversando com ele.

"

Dois anos após a perda do filho, Oswaldo Brandão passou por outro grande baque. Ele era muito ligado ao ex-jogador do Corinthians Rafael Chiarella Neto. Meia talentoso, habilidoso, Rafael foi apelidado de Cisne, tamanha a elegância com que se movia pelos gramados. Brandão conheceu a família de Rafael e houve uma afinidade imediata. Embora ele tenha nascido no bairro paulistano do Brás, sua família era de Franca, no interior paulista, onde morava, tinha muitos negócios e uma situação confortável. Quando Rafael foi viver e jogar em São Paulo, seu pai pediu a Brandão que cuidasse do filho como se fosse dele. O pedido foi atendido.

Rafael tornou-se grande amigo de Márcio e passava longos períodos vivendo na casa dos Barone Brandão. Quando seu pai faleceu ele tinha apenas 26 anos, e Brandão praticamente adotou o rapaz.

"

As nossas famílias ficaram muito próximas – explica Regina.

"

Como atleta, Rafael foi campeão paulista de 1954 pelo Corinthians e ficou no clube até 1964. Após a morte do pai, assumiu os negócios da família, sendo auxiliado por Oswaldo Brandão.

Embora jamais tenha consumido bebidas alcoólicas, Rafael foi diagnosticado com cirrose nos anos 1970, em virtude de uma hepatite mal curada na adolescência. Ele morreu em 26 de outubro de 1980, aos 42 anos, no hospital Albert Einstein, em São Paulo. Oswaldo Brandão esteve ao seu lado até o último momento. Durante o velório daquele que era como um terceiro filho, Brandão sucumbiu. A força demonstrada no velório do próprio filho, Márcio, não existia mais. O treinador debruçou-se sobre o caixão do amigo e deixou-se flagrar chorando em público, o que raramente acontecia.

"

A perda de um filho deve ser algo brutal. Meu pai nunca
mais foi o mesmo após a morte do Márcio, e quando o Rafael
morreu foi ainda mais duro para ele – constata Regina.

"

163

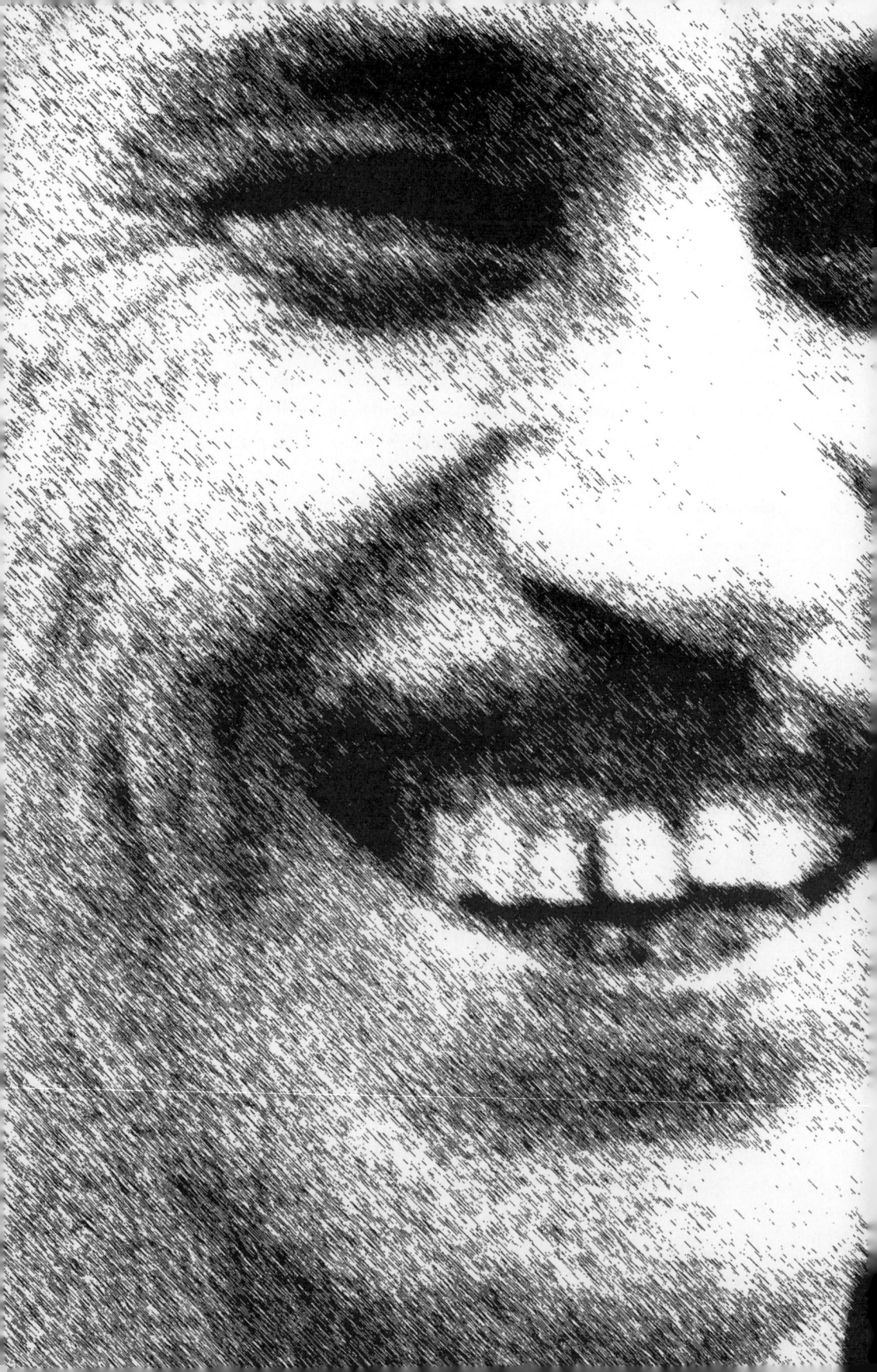

"Os infelizes são ingratos. Isso faz parte da infelicidade deles"

Pouco menos de quatro anos após ter libertado o povo corintiano da escravidão de 23 anos sem títulos, Oswaldo Brandão sentiu na alma o peso da ingratidão. Aquela mesma gente que elevara o treinador ao panteão dos imortais alvinegros em 13 de outubro de 1977 (dia da vitória por 1 a 0 sobre a Ponte Preta) provocaria uma das grandes decepções da carreira e da vida do Velho Mestre.

O Corinthians estava mal no Campeonato Paulista de 1981. O time era fraco, mas a "sabedoria" das arquibancadas e o senso comum do futebol sempre apontam para o banco quando faltam resultados. Os regulamentos dos torneios naquela época eram autênticos mapas de tesouro, cheios de fases e armadilhas. Assim como o Timão, seus rivais Palmeiras e São Paulo ficaram fora do octogonal decisivo do primeiro turno. Não é fácil entender, mas vamos lá! O Trio de Ferro paulista precisou jogar um monstrengo chamado Torneio Seletivo, uma disputa entre todos os times eliminados no primeiro turno. O campeão e o vice desse torneio entrariam direto no octogonal decisivo do segundo turno. A decisão do campeonato seria disputada pelos campeões do primeiro e do segundo turnos.

A tabela marcava um Corinthians e Juventus para o Pacaembu, pelo Torneio Seletivo, para a noite de quarta-feira, 15 de julho de 1981. O Juventus tinha o apelido de Moleque Travesso principalmente porque costumava aprontar para cima do Corinthians. Aquela noite de inverno paulistano parecia ideal para mais uma travessura. O Juventus abriu 3 a 0, gols de Ataliba (2) e Leiz.

Desesperada, a Fiel buscava culpados. Um coro ensandecido pedia: "Ô, ô, ô, queremos jogador." Minutos depois, o canto das arquibancadas encontrou outro destinatário. Pouco importava que no banco estivesse sentado o Libertador daquela nação. "Ado, ado, ado, Brandão tá superado", gritavam torcedores na arquibancada, na numerada, no tobogã.

O Corinthians ainda empatou o jogo por 3 a 3, na base da luta, com gols de Paulinho, Zenon e Biro-Biro. Mas era pouco para a torcida, que já tinha condenado Brandão. Aquele foi o último dos 439 jogos em que o treinador dirigiu o Corinthians (recorde ainda vigente até a publicação deste livro) em diversas passagens.

Um dos principais historiadores do futebol brasileiro e do Corinthians, pesquisador incansável, o jornalista Celso Unzelte, torcedor do Timão, considera o dia 15 de julho de 1981 um marco negativo na história do clube.

> **"**
>
> Eu tinha 13 anos. Não estava no Pacaembu, mas naquela noite
> fiz uma coisa muito usual na época: deixei de ouvir o jogo
> no rádio para assistir ao videoteipe sem saber o resultado. Foi
> naquele videoteipe que me lembro de ter ouvido os corinhos
> insultuosos da torcida, que na época me indignaram. O time era
> ruim, o que mais o velho Brandão podia fazer? Tão ruim que,
> a partir do jogo seguinte, já sob o comando do preparador de
> goleiros Ijuranei Pinter de Barcelos, o Julinho, como interino,
> nem sequer conseguiu uma das vagas daquele tal Torneio
> Seletivo, que acabaram ficando com São Paulo [campeão] e
> Palmeiras [vice]. Tão ruim que, por causa da má campanha no
> Paulista daquele ano, teve que jogar a Taça de Prata, equivalente
> à atual série B do Brasileiro em 1982 – recorda Unzelte.
>
> **"**

Embutida naquela alteração que parecia corriqueira, uma troca
a mais de treinador, ainda que de um ícone corintiano, estava uma
mudança maior, de filosofia. O Brasil estava se transformando rapidamente, e o futebol não ficaria imune. Como time absolutamente
popular, o Corinthians estava inserido nesse processo. A queda de
Brandão foi o pontapé inicial para o movimento que seria denomi-
nado Democracia Corintiana, instaurado meses depois.

> **"**
>
> Assim que o Brandão caiu, começou o processo da saída do
> Vicente Matheus [presidente que deixou o cargo em 1981],
> que se afastou do Waldemar Pires [presidente que sucederia
> Matheus], abrindo caminho para o surgimento da Democracia
> Corintiana [modelo de administração marcado pela abolição
> de concentração, liberdade de participação dos jogadores na

administração do dia a dia do time]. Esse processo foi captado pela mídia. Tanto que a capa da revista *Placar* [número 585, de 31 de julho de 1981] comemorava um simples empate por 2 a 2 com o Juventus com as seguintes palavras: 'Sem Matheus e sem Brandão, é o novo Timão!' – explica Unzelte, que trabalhou durante anos na *Placar* e escreveu o *Almanaque do Corinthians*.

"

Brandão retornaria ao Corinthians como supervisor de futebol, trabalharia em outros clubes, mas sem o brilho dos anos de glória.

A renovação por que passava o país também tinha reflexo na mídia, que sempre foi uma aliada poderosa de Brandão em São Paulo. Em vez da reverência com que sempre fora tratado pelos que acompanharam a construção e a solidificação de sua carreira e os grandes títulos, aparecia uma nova geração de repórteres e colunistas, ávida por mudanças também no dia a dia do futebol.

"

Aquela campanha contra o Brandão que explodiu no jogo contra o Juventus, no Pacaembu, já vinha de longe. Basta ver algumas das matérias publicadas pela revista *Placar* naquele período. Uma delas tinha como título 'Querido Mestre', era uma carta aberta tentando convencê-lo a encerrar a carreira [*Placar*, edição 535, 1 de agosto de 1980, pp. 50-2], quando ele ainda estava no Palmeiras. A matéria foi republicada depois [*Placar*, edição 567, 27 de março de 1981, pp. 26-8], quando ele já era técnico do Corinthians – destaca Unzelte.

"

Segundo o historiador, o legado de Brandão não pode ser maculado por uma ingratidão momentânea de torcida.

"

Quanto ao Brandão, eu o enxergo como uma espécie de antecessor do Felipão. Essa coisa do pai, da família, do psicológico, acima de qualquer esquema ou inovação tática. Foi um homem de seu tempo, de um tempo em que as coisas funcionavam assim, mais no coração que na tecnocracia. Quanto ao reconhecimento por parte dos clubes, jornalistas e torcedores, infelizmente isso tende a ir diminuindo cada vez mais com o passar do tempo. Em termos de conquistas importantes, tanto no Corinthians quanto no Palmeiras, ele já foi igualado pelo Luxemburgo, por exemplo, que foi campeão brasileiro por ambos os clubes. No caso do Palmeiras, pelo Felipão, que ganhou uma Libertadores. Se eu fosse apontar o grande técnico da história tanto do Corinthians quanto do Palmeiras, ficaria sem dúvida com o Brandão. Foi ele quem melhor e por mais tempo encarnou a alma de ambos os clubes. "

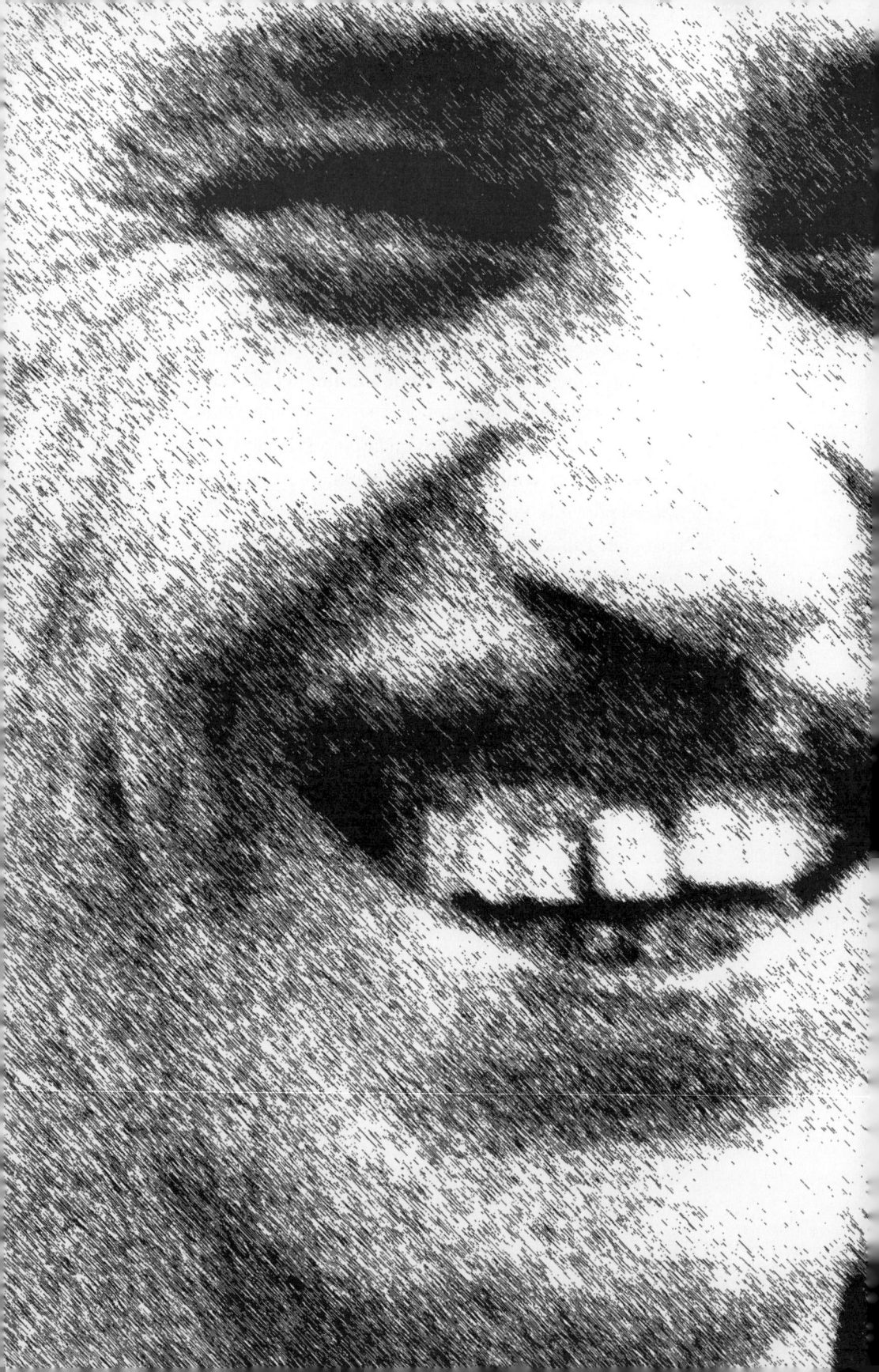

Uma mistura de Freud com Papai-Noel

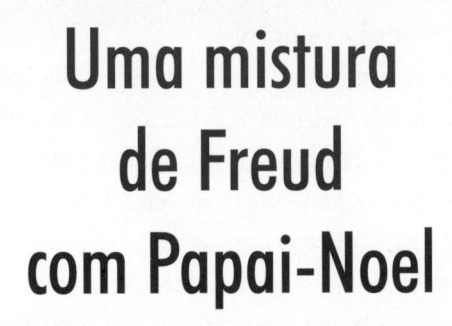

Muito além do trabalho como técnico de futebol, da montagem de equipes, da descoberta de jogadores e das conquistas, a vida de Oswaldo Brandão foi pautada por uma tarefa mais nobre. Não seria exagero afirmar que ele foi, acima de tudo, um treinador de gente, um técnico de pessoas.

A mania de interferir em tudo, de dar palpite, de assumir as rédeas refletia um instinto paternal aflorado. Como perdeu os pais muito cedo, Brandão praticamente adotou um casal de alemães judeus como seus pais e avós de seus filhos. Muito do que ele aplicou em sua vida foi tirado do que aprendeu com Max e Augusta David. Como foi visto, o pai biológico de Oswaldo Brandão, Heitor Furtado Brandão, morreu quando o futuro treinador tinha apenas 2 anos. Sua mãe, dona Honorina, faleceu quando o treinador já estava casado e tinha 38 anos. Brandão viajava frequentemente ao Rio

Grande do Sul para visitar a mãe e levar os netos para conviver com a avó, os tios e os primos.

Mas a afinidade com os avós alemães, como eram chamados pelos "netos" Regina e Márcio, foi poderosa. Eles se conheceram em 1953, quando a família Barone Brandão morava no bairro do Tremembé, Zona Norte de São Paulo, na primeira casa que o treinador conseguira comprar. Atraídos pelo clima ameno de uma região perto da Serra da Cantareira, os alemães, após cerca de dez anos vivendo no Brasil, construíam sua primeira casa no país, ao lado do terreno em que viviam os Barone Brandão.

Desde então as famílias tornaram-se uma entidade única. Max e Augusta se referiam a Brandão e Luiza como filhos e a Márcio e Regina como netos. Quando sua carreira deslanchou e a vida foi melhorando, Brandão comprou um apartamento na alameda Eduardo Prado, no bairro dos Campos Elíseos. Meses depois, o casal de alemães mudou para um prédio ao lado, pois não aguentou ficar longe.

A vida de Max e Augusta David parece saída de um livro ou roteiro de cinema. Max era judeu e tinha três lojas de tecidos em Stuttgart, na Alemanha. Casou-se com Augusta, que era ariana, segundo os padrões de classificação dos nazistas. Durante a Segunda Guerra Mundial, com a perseguição e tentativa de extermínio dos judeus, a vida de Max e Augusta desmoronou. Ele foi preso e levado a um campo de concentração. Augusta foi poupada, mas as duas filhas e a neta do casal também foram aprisionadas. Refugiada na Itália graças à ajuda de amigos, Augusta lutou por três anos para conseguir localizar a família. Conseguiu encontrar o marido e o tirou da prisão, mas as filhas e a neta morreram nos campos de extermínio.

Foi como refugiados de guerra e com a família destroçada pela estupidez nazista que Max e Augusta chegaram ao Brasil. Recepcionados pela comunidade judaica em São Paulo, refizeram a vida. Augusta era uma talentosa estilista e passou a desenhar gravatas. Max trabalhou com representação de moda feminina, aproveitando-se da

Augusta e Max David,
os "pais" alemães
de Brandão. Relação
de proximidade
e ensinamentos
decisivos para a vida
do treinador.

experiência que acumulara em Stuttgart. Reergueram-se e alcança-
ram uma confortável situação econômica.

Como Brandão tinha perdido o pai, a figura de Max ocupou
a lacuna aberta pela vida. Fascinado pelas histórias de como era a
vida na Europa antes da guerra e o que havia acontecido com o
continente após a ascensão e queda de Hitler, ele foi decisivamente
influenciado pelo amigo alemão.

> "
>
> Eu e Márcio não conhecemos meu avô paterno e tivemos
> uma convivência boa, mas limitada com minha avó.
> Tínhamos uma relação fantástica com meus avós maternos,
> Domingos e Madalena, mas era como se a vida nos tivesse
> dado mais dois avós, os avós alemães. Vivemos juntos desde
> que nos conhecemos – conta Regina.
>
> "

Augusta David morreu no Brasil. Max já estava em uma ida-
de avançada e, após a morte da esposa, procurou Brandão para
uma conversa.

> "
>
> Após a morte da vó Augusta, o vô Max chegou para o meu pai e
> disse: 'Brandão, vou voltar para a Alemanha. Estou muito velho,
> o sistema de saúde aqui no Brasil não é bom. Na Alemanha, eu
> tenho acesso a todo o recurso de que preciso. Se eu ficar, daqui a
> pouco vou ter que vender tudo que tenho, e você vai precisar me
> sustentar. Não quero que isso aconteça' – lembra Regina.
>
> "

Brandão tentou argumentar, dizendo que Max deveria ficar
no Brasil.

"

Você foi massacrado na Alemanha; por que voltar?

"

A resposta dada pelo alemão foi mais uma das muitas lições que Brandão recebeu do vizinho que a vida transformou em pai.

"

Isso tudo já passou, Brandão. As pessoas que fizeram isso já morreram. Eu sou alemão e sou judeu. Aquela Alemanha não existe mais, agora é outro país, e eu quero viver um pouco no meu país.

"

Antes de partir, Max teve outro gesto que ajuda a explicar a generosidade tão destacada pelos amigos de Brandão. Regina preserva intactos na memória trechos da conversa entre o pai e o avô alemão.

"

Ele disse ao papai que o seu apartamento na Eduardo Prado ficaria para mim e para o Márcio. Meu pai argumentou que não era preciso, que ele deveria vender o apartamento; mas o vô Max tinha tudo pensado e respondeu: 'Vocês são meus filhos e eles são meus netos, quero que o apartamento fique para eles.'

"

Max voltou a Stuttgart e manteve os laços com a família brasileira, retornando ainda algumas vezes ao país, no final dos anos 1980. Ele morreu na Alemanha, e sua personalidade acompanhou Brandão na vida e no futebol. Vem da convivência com Max e Augusta David o estilo paizão que consagrou o treinador entre os jogadores. Assim como foi adotado pelo casal de alemães, o treinador entendia que deveria adotar também seus atletas. Por isso era tão preocupado com o dia a dia, com as relações familiares, os investimentos e o futuro.

Brandão gostava de andar de táxi para poder conversar com os motoristas. Era comum que, subitamente, pedisse ao condutor que parasse o carro. Tinha memória visual privilegiada, e identificava jogadores ou filhos de jogadores com quem havia trabalhado, mesmo em meio à multidão no centro de São Paulo. Parava o carro, descia, confirmava a identidade da pessoa e iniciava um questionário sobre como estava o pai, se a família estava bem etc.

"

Um dia eu o vi passar de carro e o segui. Ele estava
desempregado. Não dirigia, estava com um motorista. Começou
a entrar por ruas estranhas de um lugar pobre. Era domingo.
Ele parava próximo a crianças que brincavam, descia, pegava
uma bola e chutava para elas. Subia rápido no carro e ia embora.
Creio que deu umas bolas de presente, sem ser reconhecido.
Fui investigar sobre isso e soube que ele estava construindo um
centro odontológico na favela de Heliópolis. Brandão não era
um homem rico – lembra o jornalista Vital Battaglia.

"

Quando alguém se refere a Oswaldo Brandão no meio do futebol, surgem vários adjetivos e expressões. Pai. Mestre. Figura humana espetacular. Raposa velha. Sortudo. Competente. Inesquecível. Mas, entre todas as definições dadas sobre o treinador, talvez a mais iluminada e que chegue mais perto de explicar quem ele foi seja a do economista Luís Paulo Rosenberg, uma espécie de afilhado:

"

O Brandão era uma mistura de Freud com Papai-Noel.

"

176

Diretor de marketing do Corinthians, consultor de negócios em São Paulo, Rosenberg conheceu Brandão quando ainda era criança e sua família se aproximou da do treinador. Porque com Brandão funcionava assim, os amigos entravam para a família.

> "
>
> Meu pai, Davi Rosenberg, era médico e conheceu o Brandão quando ele foi tratar de uma úlcera, por volta de 1956. Naquele tempo não existia remédio para esse caso, e o Brandão precisou passar por uma operação extremamente complicada, com risco de vida. Desde então, eles ficaram muito amigos. Meu pai, que era corintiano e comunista, virou palmeirense, conselheiro, diretor, mas no fundo passou a torcer pelo Brandão, em qualquer time que ele trabalhasse – explica Luís Paulo.
>
> "

Mesmo sendo corintiano fanático, Rosenberg passou a frequentar o Palmeiras, time treinado por Brandão à época, e a aproximação entre as famílias foi crescendo, inclusive fazendo viagens juntas nas férias. O médico também foi o responsável por toda a condução do tratamento da doença de Márcio, filho de Brandão.

> "
>
> Quando o Márcio passou pela primeira cirurgia, a verdade é que o caso era tão ruim que não fizeram nada, porque não havia nada para ser feito. Mas o Brandão queria que a dona Luiza e a Regina recebessem essa notícia aos poucos. Combinamos de dizer que a operação tinha sido um sucesso; só o Brandão, meu pai e eu sabíamos da verdade. Então eu me aproximei ainda mais dele, choramos muito juntos. Porque o Márcio e a Regina eram a realização de tudo que o Brandão

177

não teve na vida. Resumindo: pouco tempo depois da cirurgia, quando o Márcio ainda estava vivo, eu tive um filho, que se chama Márcio. O Brandão ficou doido com isso – recorda Luís Rosenberg, emocionado.

"

Mas por que a tal mistura de Freud com Papai-Noel?

"

O Brandão nunca utilizou religião no futebol. Ele tinha as coisas dele com os espíritos, mas nunca usou a religião para ganhar um jogo. O futebol para ele era a extração do máximo do que cada jogador tinha para dar. O que interessava para o Brandão era a superação de um conjunto de seres humanos. Ele nunca teve comportamento de ídolo, ele humanizava a idolatria. Era desses caras iluminados.

"

De acordo com Rosenberg, Brandão, mesmo sem educação formal e diploma universitário, estava muito à frente de seu tempo.

"

O que ele fez com a torcida do Independiente quando trabalhou na Argentina é a prova do conhecimento que ele tinha de como lidar com as pessoas. Pô, um brasileiro trabalhando no futebol argentino nos anos [19]60, que chega com aquele jeito dele, falando aquele espanhol enrolado, tomando chimarrão! Ele sabia como fazer para galvanizar a energia positiva. Isso hoje se chama *branding*, e ele já fazia há mais de 40 anos!

"

Os tais truques que as pessoas que conviveram com Brandão dizem que ele conhecia como ninguém nada mais eram do que puro

178

conhecimento intuitivo do ser humano. A capacidade de convencer os jogadores a, muitas vezes, jogarem mais do que sabiam e podiam jogar.

Uma das vertentes dessa linha de conduta envolvia sua própria família. Brandão costumava fazer reuniões de trabalho importantes na sala de estar de sua casa.

> "
> O futebol era a vida do meu pai no sentido do trabalho. Ele não tinha uma paixão declarada por algum time. O melhor lugar do mundo, o melhor time do mundo era aquele em que ele estava trabalhando – afirma Regina.
> "

Havia situações em que Brandão, inclusive, apelava para a família a fim de resolver problemas de uma equipe.

> "
> Era comum o papai pedir para a minha mãe ir com ele até a casa de um jogador para explicar para a esposa dele por que existia concentração, por que eles precisavam viajar e ficar fora de casa. Ele falava assim: 'Luiza, vem comigo, preciso da sua ajuda.' Ela ia, acalmava a mulher e os filhos do jogador, e ficava tudo bem.
> "

Para compreender algumas atitudes de Brandão, é preciso situar o futebol no contexto do que o esporte era entre os anos 1940 e meados dos anos 1980. No ambiente quase empresarial do futebol moderno, é praticamente impossível que se repita a história que será relatada.

Em 21 de novembro de 1964, o Santos aplicou uma goleada histórica sobre o Botafogo de Ribeirão Preto: 11 a 0. Em êxtase, a Vila Belmiro viu Pelé marcar oito dos 11 gols da partida. Atordoado, no banco do Botafogo, estava Brandão, que, obviamente, deixou o time do interior.

Em 1965, o treinador voltou ao Corinthians. Pouco mais de um ano após levar 11 gols do Santos, sendo oito de Pelé, Brandão amargou outro sacode: 7 a 4, no dia 6 de dezembro de 1965, no Pacaembu, em São Paulo. Comedido, Pelé fez apenas quatro gols.

Era preciso mudar algumas coisas no Corinthians, reciclar. Roberto Battaglia (falecido em setembro de 2002, aos 61 anos) era um ponta-direita com boa passagem pelo próprio Corinthians, entre 1958 e 1961 (também passou por Guarani, de Campinas, e América, do Rio). Tinha jogado na Itália, no Atalanta, de Bérgamo, e no Catania. Abalado pela morte do pai em um trágico acidente de carro, Battaglia decidira voltar para o Brasil para cuidar dos cinco irmãos.

Brandão mantinha uma rede de informantes poderosa. Sempre que precisava de informações sobre algum jogador, sabia a quem recorrer. O treinador indicou a contratação de Battaglia ao Corinthians, mesmo sabendo que o jogador se recuperava de contusão, estava há muito tempo sem jogar e mostrava-se profundamente abalado com a perda do pai. Battaglia foi contratado, mas se apresentou sem condições físicas e psicológicas. Antes de iniciar um treinamento coletivo no gramado do Parque São Jorge, Brandão escalou Battaglia entre os reservas e reuniu os zagueiros e laterais do time titular para uma conversa antes de a bola rolar.

> "
>
> É o seguinte: ninguém chega junto no Battaglia. Quero que ele tenha espaço para jogar, porque preciso observá-lo e ele está sem ritmo de jogo.
>
> "

Pedido de Brandão era ordem. Battaglia foi marcado no estilo casados contra solteiros. Fez dois gols no treinamento e iniciou um processo de recuperação. Ficou no Corinthians até 1968, inclusive atuando como meio-campista, com Dino Sani e Rivellino, sob o comando de Zezé Moreira.

O que no esporte moderno está a cargo de uma vasta equipe de profissionais como nutricionistas, preparadores físicos, médicos e fisioterapeutas, o Velho Mestre concentrava em torno dele. Entrou para os anais da medicina esportiva brasileira uma contribuição do treinador para o tratamento de jogadores lesionados. Quem conta é o médico e jornalista Osmar de Oliveira, que trabalhou com Brandão no Corinthians:

> "
>
> Um dia eu estava no Parque São Jorge, cuidando de um jogador
> que se recuperava de uma lesão e precisava de tratamento de calor
> no local da contusão. Entra o Brandão, que ficava vasculhando
> tudo, o tempo inteiro, e me vê com uma pilha de toalhas
> aquecidas. Ele veio até a mim com aquela voz grave inconfundível
> e me disse: 'Garoto, vou te ensinar a fazer esse tratamento direito.'
> Eu era um médico jovem, estava começando no futebol, e jamais
> confrontaria um cara como o Brandão.
>
> "

Segundo o relato de Osmar de Oliveira, o treinador veio com uma de suas muitas sacadas nada científicas, mas que depois se mostrariam tremendamente úteis.

> "
>
> O Brandão pegou uma garrafa de vidro, dessas comuns,
> encheu de água quente, tampou com uma rolha e, usando-a
> como se fosse um rolo de macarrão, começou a passar
> sobre a região em que o jogador estava contundido. O que
> se mostrou um tratamento muito mais eficiente do que a
> simples aplicação das toalhas quentes.
>
> "

181

A preparação física, hoje fundamental e decisiva no futebol, não tinha tanta importância durante a maior parte da carreira de Brandão. Tanto que, até ele conhecer profissionais como Hélio Maffia, José Teixeira e Benê Ramos, o próprio treinador se encarregava dos treinamentos físicos, mesmo sem ter noção técnica alguma.

Consagrado em uma época na qual o futebol ainda não tinha sido abraçado pela ciência em termos de preparação física e medicina, Brandão é citado como provável inventor de uma função hoje comum nos clubes de futebol, a de treinador de goleiro.

Ele havia sido fortemente influenciado por Lara, histórico goleiro do Grêmio, com quem conviveu em seus tempos de jogador. Alguns dos métodos de Lara foram adotados por Brandão.

"

Meu pai gostava muito de treinar goleiros. Ele contava que no Sul tinha visto o Lara treinando, e que ele pedia para os jogadores chutarem a bola numa espécie de paredão e ficava defendendo no rebote, para aprimorar os reflexos – revela Regina.

"

Mais tarde, no final dos anos 1970, quando treinava o Palmeiras, Brandão deslocou um ex-jogador com quem havia desenvolvido uma grande amizade para fazer treinamentos específicos com os goleiros. Valdir Joaquim de Morais, que tinha sido um grande goleiro no Sul, no Palmeiras e na seleção brasileira, assumiu a função, que virou cargo. Ele é visto como uma espécie de criador do cargo de treinador de goleiros, graças à sugestão do amigo.

"

O Brandão parecia um brutamonte, mas era uma pessoa maravilhosa, um grande amigo – afirma Valdir.

"

Quem assistiu ao filme *Boleiros*, do diretor Ugo Giorgetti, certamente recorda uma das histórias, a que retrata um artilheiro que, às vésperas de um Palmeiras x Corinthians, é seduzido por uma fã de corpo escultural na concentração. Interpretado com maestria pelo genial Lima Duarte, o desesperado treinador do Palmeiras naquele episódio da película é uma referência mais do que óbvia a Oswaldo Brandão.

Os métodos pouco ortodoxos do treinador pegavam os jogadores de surpresa, porque esse era o objetivo. Controlador, ele procurava pregar peças nos atletas para saber se estavam se comportando, dentro e fora do trabalho.

"

Uma noite eu estava em casa, tinha jantado com a família, estava vendo televisão, por volta das dez da noite. Toca o telefone, é o Brandão: 'Meu capitão, tudo bem? Dá um pulinho aqui em casa para a gente conversar' – conta o lateral-direito Zé Maria, o Super-Zé, símbolo da raça corintiana nos anos 1970.

"

Assustado com o telefonema, Super-Zé foi voando para a casa do chefe.

"

Quando cheguei, perguntei o que tinha acontecido e ele me respondeu: 'Não é nada, Negrão. Eu só queria saber se você estava em casa. Senta aqui, vamos trocar uma ideia. Quer tomar um vinho, alguma coisa?'

"

De acordo com Zé Maria, essa era uma das artimanhas de Brandão para saber se os jogadores estavam se cuidando, se alguém estava saindo, dormindo tarde.

"

O Brandão foi um grande treinador, um cara diferente,
especial. Ele cobrava muito, usava os auxiliares, o João Avelino,
o José Teixeira. Mas era tudo olho no olho, nos treinamentos,
nas concentrações. Ele gostava dessa conversa pessoal.

"

O treinador também era vítima da gozação dos jogadores. Muitos atletas sabiam que o Mestre não gostava do apelido Caçamba. Quando alguém usava o apelido, a bronca era pesada. Mas alguns malandros conseguiam enganar o chefe. Ou, como dizem alguns jogadores, ele fingia não escutar, dependendo da importância do brincalhão.

Enéas foi craque de bola, talentoso meia-atacante que brilhou na Portuguesa, passou pelo Palmeiras, jogou na Itália, na seleção brasileira e morreu cedo, aos 34 anos, em um acidente automobilístico. Brandão trabalhou com ele na Portuguesa e também na seleção brasileira, em 1976. Gozador compulsivo, Enéas foi informado por outro piadista inveterado, Tata (atualmente auxiliar do treinador Muricy Ramalho), de que Brandão não gostava de ser chamado pelo apelido dos seus tempos de jogador.

Não dava outra. Nas concentrações, durante as conversas e refeições, Enéas procurava ficar sentado nas mesas e cadeiras do meio, para usufruir de certo anonimato. Quando Brandão passava por ele, o jogador disparava:

"

Psiu! Caçamba! – e disfarçava fazendo
a famosa cara de conteúdo.

"

Brandão olhava com aquela expressão de diretor de escola na hora da bronca, mas jamais pegou Enéas no flagra. Tata jura que o treinador sabia quem era o autor da gozação e, como precisava do talento de Enéas para ganhar os jogos, se fingia de morto.

Quando trabalhava no Corinthians, Brandão tinha uma sala reservada, sob as velhas arquibancadas do estádio Alfredo Schurig, a Fazendinha. Após um período longo de treinamento, gostava de se isolar em sua sala, enquanto os jogadores tomavam banho no vestiário. Embora fosse reservada, a tal sala tinha uma pequena janela de vidro, no alto. Rapidamente os jogadores identificaram aquela oportunidade de perturbar o chefe sem serem notados. Saíam do vestiário, encostavam uma escada providenciada junto a funcionários do clube, aboletavam-se na janelinha e gritavam em uníssono: "Acorda, Caçamba!"

Como muitas vezes o treinador estava realmente tirando um cochilo, a gargalhada era geral. Brandão respondia aos berros, ameaçador:

"

Se eu pego um...!

"

Nunca pegou, e o craque Roberto Rivellino, um dos gritadores mais frequentes, garante que, no fundo, o treinador se divertia com tudo aquilo.

Essa relação que mantinha com os atletas transformou Brandão num profundo conhecedor da cabeça do boleiro. Sem qualquer formação acadêmica (cursou apenas até o antigo segundo ano ginasial, abandonando os estudos aos 15 anos), o treinador entendia tanto de pessoas e relacionamentos humanos que talvez pudesse escrever tratados de Psicologia. A tal mistura de Freud com Papai-Noel citada por Rosenberg.

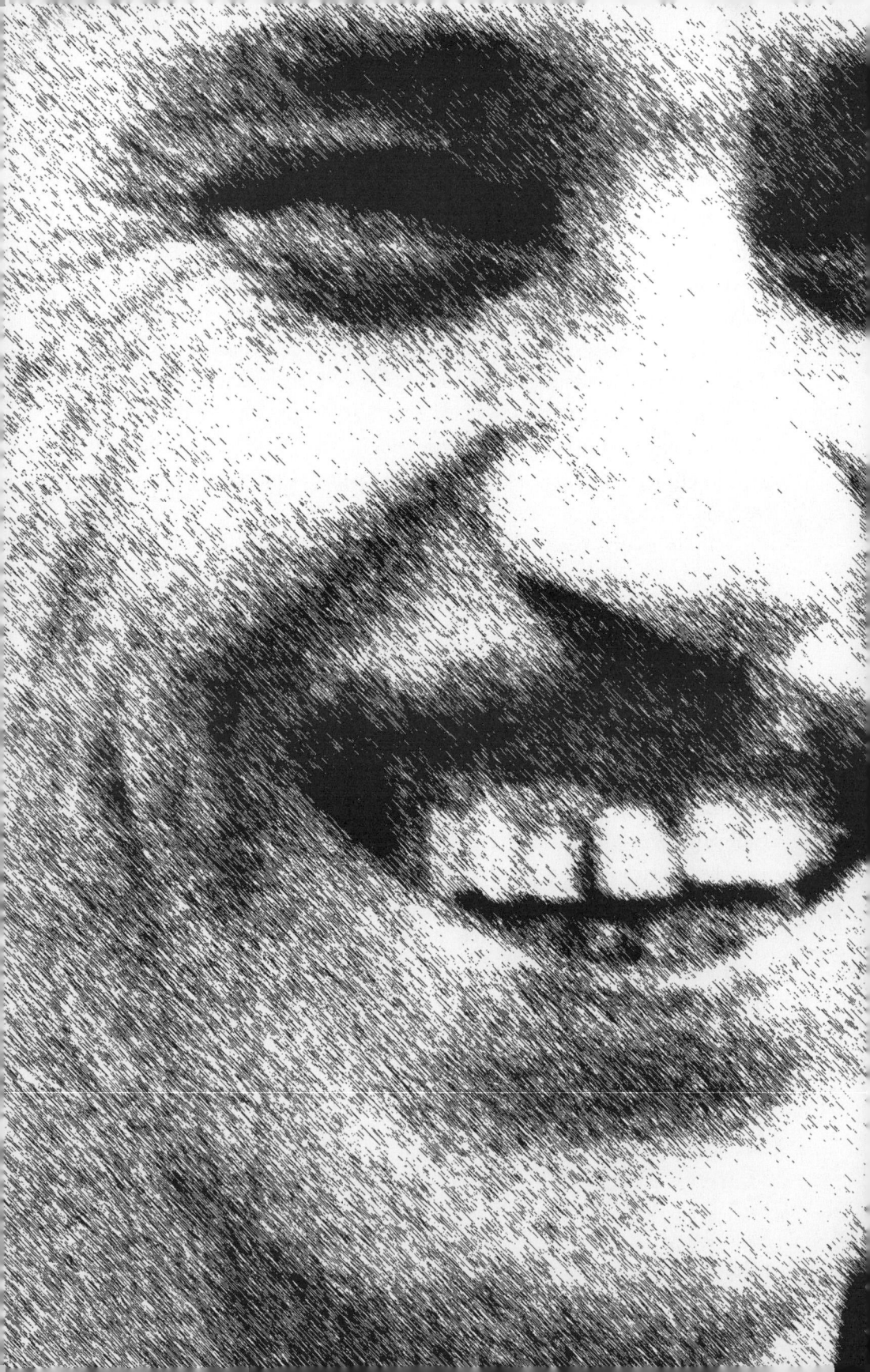

Relação com a mídia: paixão e ódio

A relação complexa que Oswaldo Brandão teve com a mídia em sua longa carreira foi fundamental para a perpetuação de seu legado como treinador. Muitos dos fatos e histórias envolvendo Brandão foram passados de geração para geração de repórteres, narradores, comentaristas. Tanto por parte de quem gostava do treinador e convivia com ele, como daqueles que por ele não nutriam simpatia alguma.

A informação era outro dado importante na carreira de Brandão. Ele tinha contatos em todos os cantos do Brasil. Estava sempre por dentro das novidades da Europa. Para isso, contava com o amigo jornalista Solange Bibas. Como viajava frequentemente a trabalho, Bibas voltava com a mala cheia de jornais e revistas dos principais centros europeus. Além disso, fazia relatórios detalhados para Brandão com informações adquiridas nos jogos que acompanhava e também através dos contatos que tinha com jornalistas nas principais redações da Itália, da Espanha e de outros países.

Enquanto teve energia e disposição, Brandão procurou se adaptar às mudanças táticas e técnicas do futebol. Como testemunhou Luís Mendes, conhecido como o Comentarista da Palavra Fácil, um dos mais importantes jornalistas brasileiros da área esportiva:

"

Certa vez o Brandão estava no Rio e me telefonou, convidando para ir a um jogo com ele, no Maracanã. Terminou o jogo, e ele me perguntou o que tinha achado. Eu respondi que tinha sido um jogo chato, feio, só houve correria e disposição. Devolvi a pergunta, e ele me soltou esta: 'Pois eu achei muito bom. Esse é o futebol que vai ser jogado daqui para frente, muita disposição, muita marcação.' Era o começo dos anos [19]80, e posso dizer que, infelizmente, ele estava certo – disse Mendes, um dos poucos amigos que o treinador fez entre a mídia do Rio, falecido em 2011, aos 87 anos.

"

A boa relação que manteve com a mídia de São Paulo, em especial nos períodos em que trabalhou na Rádio Tupi e, também, na Rádio e na TV Record, nos anos 1980, ajudou a perpetuar a fama do treinador. Nos tempos da Tupi, quando viajava com a equipe da rádio, Brandão repetia o ritual que fazia com os jogadores nas concentrações. Passava de quarto em quarto para saber se todos estavam bem, se precisavam de alguma coisa. Nas viagens ao interior paulista, pedia para os motoristas das emissoras pararem nos tradicionais restaurantes rodoviários Lago Azul e comprava os pães de semolina que são sucesso até hoje. Oferecia aos repórteres e narradores, mas antes tirava um sarro:

"

É para as crianças, a mamãe e a dona da pensão, aquela
santinha que aguenta vocês.

"

Em alguns casos, irritado com as críticas que lia em jornais,
Brandão resolvia dar incertas nas redações para tirar satisfação. Uma
dessas visitas rendeu uma história que entrou para o anedotário da
imprensa esportiva. Quem conta é Vital Battaglia, repórter colecio-
nador de prêmios e fundador do *Jornal da Tarde*, o JT.

"

Um dia, surpreendentemente, o Brandão apareceu na redação
do JT, sem avisar ninguém. Subiu até a sala do redator-chefe,
Murilo Felisberto, para reclamar de uma informação. Ele
estava trabalhando como supervisor junto a Aymoré Moreira,
no Corinthians, e a informação, em *off* [quando a fonte não
é revelada], dizia que Brandão estava querendo derrubar
o companheiro. Ninguém assumiu a autoria da nota, mas
alguém disse: 'Brandão, não foi nenhum repórter que deu
essa notícia. Foi o copidesque [função praticamente extinta
nas redações modernas, copidesque era o nome dado aos
profissionais que cuidavam da revisão dos textos dos repórteres
e faziam a padronização do texto que seria publicado].' A
partir daquele dia, sempre que lia alguma coisa escrita contra
ele, respondia: 'Já sei. Foi o copidesque.'

"

A história envolvendo Aymoré pode ter origem num fato rela-
tado por Rivellino, que jogava no Corinthians naquele período em
que Brandão era supervisor e Aymoré trabalhava como técnico.

"

Uma vez o Aymoré fez uma preleção fantástica, desenhou o
esquema tático do adversário na lousa, explicou como deveríamos
jogar, com setas, movimentações. Quando ele saiu, o Brandão
se aproximou e disse: 'Isso aqui está muito bonito, mas se vocês
fizerem o que ele pediu, estão ferrados, vão perder o jogo.'

"

Quem compartilhava da intimidade do Velho Mestre era informado dessa conquista quando recebia um convite para beber uísque com ele. Certa vez, o jornalista Tonico Duarte recebeu essa honra. Ele estava começando a carreira e ficou feliz por compartilhar da sabedoria simples e direta do mestre. Sentou-se à mesa de um restaurante de hotel e foi servido por Brandão. Copos cheios, Tonico foi ao balde de gelo e pescou duas pedras. Antes que elas chegassem ao seu copo, uma mão pesada fez com que as pedrinhas voassem para longe.

"

Ele deu um tapa em minha mão e, com aquela voz grave,
sentenciou: 'Uísque se bebe caubói, garoto. Sem gelo.
Aprendeu?' – recorda Duarte.

"

As famosas resenhas, as intermináveis conversas sobre futebol que até hoje fazem a alegria de jogadores, treinadores, dirigentes, torcedores e jornalistas também eram puxadas por Brandão. Se alguém se atrevesse a contar uma história à sua frente, ele interrompia e recomeçava o mesmo caso, mas com sua versão.

Em várias épocas de sua carreira Brandão sempre
despertou a atenção da mídia e soube como se
relacionar com os jornalistas.

190

MURIO OSWALDO BRANDAO

Fue un enamorado del mejor fútbol

Siempre el cigarrillo encendido jugueteaba entre los dedos, siempre el fútbol como tema casi excluyente, desde el desayuno hasta cualquier madrugada. Siempre el fuego, siempre fútbol. Era tres, porque el corazón se le cnojó definitivamente ayer, a los 73 años) una máquina de tirar ideas, de clasificar conceptos, de definir frases, de describir jugadores, de recordar equipos. Era el, ancocho, amable y optimista, este recolector de historia. Por Independiente pasó en el '61, regresó al filo del '65 y campeonó al año siguiente.

Oswaldo Brandao es levantado en andas por sus dirigidos. Fue cuando consiguió campeón en 1967. Un momento individual para el técnico, los que fueron sus dirigidos y para el club de Avellaneda.

Brandao fue el encargado de formar aquella Selección de Brasil que...

Oswaldo Brandao. 1916-1989.

MURIO BRANDAO
UN PARO CARDIACO, LA CAUSA DEL DECESO

Un cable de la agencia ANSA procedente de San Pablo nos trajo la infausta noticia: ha muerto Oswaldo Brandao. Ese técnico incomparable que tuvo la selección brasileña y aquel campeonato de 1967. Pero más allá de sus virtudes como entrenador, nos dejó también su condición de hombre humilde y amable. Se fue más que una gloria del fútbol, se fue además una gran persona.

Oswaldo Brandao llegó a Independiente con los pergaminos de su gran actuación en Brasil. Aquí fue el conductor nada menos que de aquel equipo considerado el mejor que alistó aquella institución en la era moderna. ¿Lo recuerda? Santoro, Monges y Pavoni; Ferreiro, Pastoriza y Acevedo; Bernao, Mura, Artime, Savoy y Tarabini.

Brandao falleció hoy a los 73 años. Le falló ese gran corazón que tenía. Había nacido en Taquara, en el estado de Río Grande do Sul (sur del país). Inició su carrera futbolística como jugador en el Gremio de Porto Alegre en 1935. En 1942 pasó a militar en el Palmeiras, pero por problemas físicos debió abandonar para dedicarse a la dirección técnica. Allí en Brasil fue campeón dos veces con Palmeiras y dos con Corinthians. También dirigió a la selección brasileña.

Dos glorias: Brandao y Pedernera.

Brandão teve o melhor aproveitamento desde 70

Estatísticas mostram que treinador conquistou mais pontos entre os 11 que dirigiram a seleção após o tri

CON LAS ARMAS DE LOS ROJOS

BRANDAO: "ME VOY POR LOS DIRECTIVOS"

TOLDOS DE ALUMINIO
BARI
CERRAMIENTOS INTEGRALES

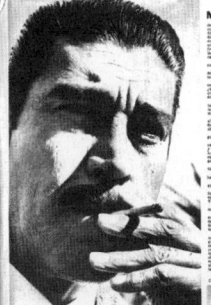

ESPORTE

A fé e a esperança

Para os torcedores do Corítiba a contratação de Brandão - técnico vitorioso pelo Palmeiras, São Paulo, Corinthians, Peñarol e Independente - pode significar a volta dos campeões de 70.

Com Brandão, o negócio teria sido uma barbada

Tinha razão o jornalista Mário Terra, de Uruguai, quando fez a seguinte declaração: até Nuestro Aires, antes de ter o início da a Copa do Mundo...

PELÉ: "FOI BRUTAL O QUE FIZERAM COM BRANDAO!"
a gazeta esportiva

Página 2   São Paulo, 1.º-3-1977

BOM DIA
O presidente da CBD se comportou como Pilatos

Assistir a um jogo de futebol ao lado do Velho Mestre desafiava a compreensão de muitos jornalistas. Brandão tinha um vocabulário pequeno, se atrapalhava com as concordâncias, muitas vezes parecia confuso. Não identificava os jogadores por suas posições. Com ele não tinha essa de atacante, beque, cabeça de área. Ele apontava os jogadores pelos números. Cabe lembrar que até os anos 1980 a numeração no futebol era constante, de 1 a 11, sem invencionices.

Brandão sentava-se em uma cadeira de um estádio da vida, limpava os óculos, fitava o campo em silêncio por alguns minutos, dava um tapa na perna do interlocutor e vaticinava, no início da jogada: "O 2 vai passar para o 7, que vai tabelar com o 10 e cruzar para o 8 fazer o gol." Ou, então, disparava algo assim: "Esse time não pode ganhar o jogo, o 8 e o 10 nunca chegam na área." Geralmente, o que parecia uma previsão sem sentido acabava acontecendo.

Ele era o que se pode chamar de um cara bravo. O coração amoroso não impedia que fosse do tipo esquentado no dia a dia, daqueles que não levava desaforo para casa.

"

Conheci muito jornalista que não gostava do Brandão, mas pegava leve porque tinha medo de apanhar dele – afirma Roberto Petri, experiente cronista esportivo paulista.

"

Outra "vítima" de uma cobrança de Brandão foi o legendário repórter esportivo Alberto Helena Júnior. Assíduo frequentador de um histórico reduto da boemia paulistana, Helena certa vez quase caiu de sua cadeira quando viu o Velho Mestre adentrando o famoso Pandoro.

"
Tomei um susto, porque o Brandão não era da noite, não frequentava. Ele sentou numa mesa de canto, ficou me olhando de longe, pediu um uísque. Quando finalmente se aproximou, com aquele vozeirão, falou alto para que eu – e todo mundo que estivesse por perto – ouvisse. 'É, quer dizer que o time do Cilinho joga no contra-ataque, e o time do Brandão é retranqueiro. É tudo a mesma coisa, mas o time do Brandão sempre é defensivo' – praguejou.
"

Segundo Helena, que assinava uma deliciosa coluna chamada Bola de Papel, no JT, Brandão ficou irritado com os elogios que ele havia feito ao estilo de contra-ataque do time de Cilinho, o São Paulo, e não gostou de ler a análise do jornalista afirmando que seu Palmeiras era defensivista.

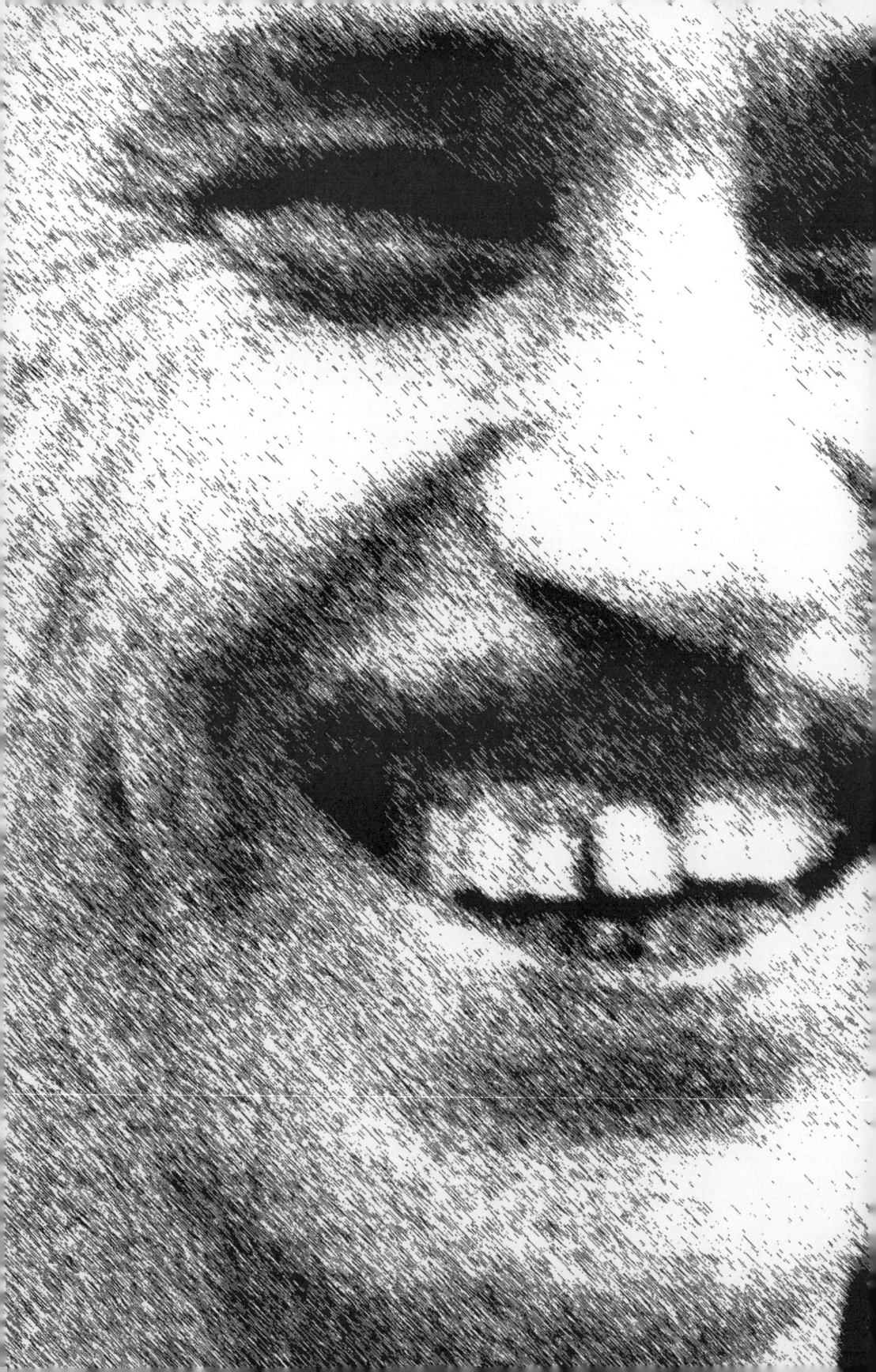

Eterno campeão

Não é exagero dizer que, entre 1977 e 1980, Oswaldo Brandão fez seu esforço derradeiro como treinador de futebol. Suportou desde as mortes de seu filho Márcio e do jogador a quem tratava como filho, Rafael Chiarella, até a demissão do cargo de treinador da seleção brasileira e a luta para dar o sonhado título paulista ao Corinthians.

Embora ainda tentasse seguir com a carreira de treinador e supervisor de futebol, Brandão perdera o viço. Era comum vê-lo caminhar solitário pelos gramados ou, então, acompanhar os treinamentos sentado, isolado em uma cadeira da numerada e conversando com repórteres.

Em 1978, Brandão trabalhou na Ponte Preta. A Macaca de Campinas venceu o segundo turno do Campeonato Paulista. Em 1983, esteve no Coritiba, sem muito destaque.

"

Quando o Brandão treinou o Coritiba, ele estava muito diferente do treinador que conheci nos anos 70. Joguei contra o Palmeiras em 1973, pelo Brasileirão, e o Brandão amarrou nosso time, não saiu para o jogo. Nós tínhamos o Tião Abatiá, que era um centroavante muito rápido, mas o Palmeiras não saiu para o jogo. Terminou empatado, e, na saída, o Brandão me abraçou e disse: 'Ficou bom para todo mundo, né? Quem veio aqui e tentou sair para o jogo, perdeu. O time de vocês é bom. Eu ganhei um pontinho e fica bom para vocês também.' Quando ele veio para o Coritiba como treinador, estava preocupado com coisas como pintar o vestiário, ficava conversando comigo durante os treinamentos – recorda José Hidalgo Neto, o Capitão Hidalgo, ídolo do Coritiba como volante nos anos 1970 e comentarista de prestígio no rádio paranaense.

"

Após rápida passagem pelo XV de Piracicaba, em 1984, Brandão foi contratado pelo Cruzeiro, para substituir o treinador Ílton Chaves, durante a primeira fase do Campeonato Brasileiro. Não evitou a eliminação precoce da equipe. Ao todo, dirigiu o time mineiro em 25 partidas, com 12 vitórias, 8 empates e 5 derrotas. Mesmo tendo comandado a Raposa em apenas 5 jogos do Campeonato Mineiro de 1984, sendo substituído por João Francisco, o Cruzeiro também considera, oficialmente, Oswaldo Brandão como campeão mineiro daquela temporada (segundo informação de Henrique Ribeiro, assessor de imprensa do clube em 2007).

O treinador não abandonava os velhos métodos aprendidos em mais de 50 anos de futebol.

"

Fui treinado pelo Brandão no Cruzeiro e lembro que, se ele
achasse que o jogador estivesse acima do peso, mandava ficar
sentado enrolado num cobertor, ao meio-dia, no meio do
gramado – lembra Edu Lima, ex-meio-campista e atualmente
comentarista de rádio em Salvador.

"

Em 1986, Brandão trabalhou no Vila Nova, de Goiás. Segundo
números oficiais do clube, foram apenas sete jogos – duas vitórias,
um empate e quatro derrotas. Foi demitido em 25 de maio. Sua presença era requerida muito mais pela aura e pela história, porque simplesmente não conseguia ser o Brandão de sempre, o Velho Mestre.

Em 1988, Brandão foi diagnosticado com câncer linfático em
estado avançado. Não havia nada a fazer, além de aceitar os desíg-
nios do tempo.

Consumido pelo câncer, deixava rapidamente de ser aquele senhor forte, de postura sempre ereta, que se orgulhava em dizer que,
mesmo após os 60 anos, mantinha o peso de quando era jogador
de futebol. Cabelos e bigodes foram tomados pelo tom grisalho. Os
passos firmes de outrora eram vacilantes.

O futebol passava a ser uma distração em frente à TV, ao lado da
filha e da esposa. Acompanhava os jogos, se imaginava novamente trabalhando, dando treinamentos e comandando equipes, até que o avanço da
doença passou a consumir espaços cada vez maiores de sua consciência.

"

O futebol é minha vida. Eu quero voltar, mas sei que não posso
mais – desabafava aos amigos que visitavam a ele e à família.
Pouco tempo antes de o Brandão ficar muito doente, saímos
para tomar um chopinho. Fomos ao restaurante alemão
Windhuk, em Moema, e aconteceu algo que me marcou
muito. Ele quis fazer um trato comigo. Quando um de nós

morresse, o outro cuidaria da família do falecido, tal era a preocupação dele. Acho que cumpri na medida do possível o combinado após sua morte, embora quisesse ter feito mais – recorda João Bressane, cunhado de Brandão.

"

Em maio de 1988, quando Palhinha, seu jogador no Corinthians em 1977, assumiu o cargo de treinador do time, Brandão foi até o Parque São Jorge e presenciou o treinamento, realizado em um dos ginásios por causa da chuva. Brincou, contou histórias, falou de futebol, como sempre gostou de fazer.

Pouco tempo depois, no início de junho, o Corinthian-Casuals, time amador da Inglaterra que inspirou o nome do Sport Clube Corinthians Paulista, fez uma excursão pelo Brasil. Vários atletas de diversas gerações do Timão foram convocados a participar de um amistoso entre os clubes, marcado para o dia 5. Jogaram ídolos de várias épocas, como Cláudio Cristóvão Pinho, Rivellino, Flávio, Lima, Sócrates, Zé Maria. O Doutor Sócrates fez o gol da vitória por 1 a 0 do time brasileiro e foi chamado a atuar por 15 minutos pelo time inglês, a pedido de seus jogadores.

O consagrado jornalista Juca Kfouri foi um dos organizadores do amistoso. Oswaldo Brandão foi homenageado naquele dia. Ele já estava bastante debilitado e passou boa parte do tempo sozinho, num canto do gramado do Pacaembu. Juca lembra que procurou se aproximar de Brandão quando percebeu o treinador deslocado.

"

Eu era um jovem jornalista, e o Brandão era uma lenda. Confesso que fiquei nervoso por estar ali ao lado dele, mas conversei um pouco, falei que a presença dele era muito importante para aquele jogo. Ele me disse algo que não esquecerei nunca: 'Garoto, sua luz é muito boa.'

"

198

Aquele amistoso foi a última conexão de Brandão com um time de futebol dentro de campo.

Ainda em 1988, o Corinthians conquistou o título paulista, derrotando o Guarani na decisão, em Campinas, no dia 31 de julho. O gol da vitória corintiana revelou o atacante Viola. O presidente alvinegro era Vicente Matheus. Ele havia construído uma sólida amizade com Brandão, desde quando tinha sido diretor de futebol do alvinegro em 1954, ano do título do Quarto Centenário, até a vitória no estadual de 1977.

Alguns dias após a vitória sobre o Guarani, o telefone tocou no apartamento dos Barone Brandão, na rua Caconde. Era Matheus, que chamou por dona Luiza.

"

Como ele está? Você acha que podemos vê-lo? – perguntou.

"

Dona Luiza respondeu que o marido apresentava algumas alterações de consciência, mas que certamente ficaria feliz em rever o amigo.

Matheus reuniu alguns diretores do Corinthians e sua esposa, um grupo pequeno, e foi visitar Brandão. O treinador pareceu recuperar as forças, sorriu, contou histórias do futebol, falou do jogo em que o Corinthians tinha sido campeão, analisou o time.

Antes de ir embora, Matheus chamou a esposa, Marlene, e pediu:

"

Traga o nosso presente.

"

O dirigente tinha levado uma faixa de campeão estadual de 1988, igual à que os jogadores receberam. Fez questão de vesti-la em Brandão, que abriu um largo sorriso.

199

"

Brandão, você é nosso eterno campeão – disse Matheus, antes de ir embora, sem conseguir segurar as lágrimas.

"

Cumprindo o pacto familiar de que nenhum dos Barone Brandão definharia em um hospital, Oswaldo Brandão faleceu em sua casa, às 6 horas do dia 29 de julho de 1989, aos 72 anos. O atestado de óbito apontou como causas da morte parada cardíaca e metástase cerebral. Durante o velório, na Beneficência Portuguesa de São Paulo, o caixão esteve o tempo todo coberto pela bandeira do Corinthians. O corpo foi sepultado no cemitério São Paulo. No dia da morte de Brandão, o Corinthians jogou de luto contra o Tiradentes, do Distrito Federal, pela Copa do Brasil, e perdeu por 1 a 0.

A repercussão foi enorme, inclusive na Argentina e no Uruguai. Jogadores que trabalharam com Brandão, treinadores, dirigentes de todos os clubes da cidade de São Paulo e de Santos, além de centenas de torcedores acompanharam o velório. Mário Travaglini, um de seus melhores amigos e discípulo do treinador, fez a última oração, destacando que "você cumpriu sua missão na Terra, trabalhou, ensinou, dirigiu e uniu os treinadores e os jogadores". Travaglini, espírita kardecista como o amigo, carrega em sua carteira três imagens: uma fotografia dele próprio, a imagem de Jesus Cristo e uma fotografia de Brandão. Ele afirma receber mensagens de Brandão.

Telê Santana, que também era chamado de Mestre, lembrou que foi Brandão quem o chamou para trabalhar como auxiliar técnico na seleção brasileira pela primeira vez. Carlos Alberto Silva, campeão brasileiro com o Guarani em 1978, chorou copiosamente ao ouvir de dona Luiza que o Velho Mestre o considerava como uma espécie de sucessor.

Luiza Barone Brandão faleceu em 31 de março de 2009. Em casa, conforme o pacto firmado com o marido e os filhos.

Oswaldo Brandão é o treinador que mais vezes comandou o Palmeiras na história. Foram 584 jogos, sendo 340 vitórias, 151

Brandão conseguiu uma proeza que dificilmente será repetida no futebol brasileiro. Foi vencedor como técnico nas décadas de 40 até os anos 70 do século passado.

derrotas e 93 empates. Pelo clube, ele foi três vezes campeão brasileiro (1969, 1972 e 1973), quatro vezes campeão paulista (1947, 1959, 1972 e 1974), além de conquistar diversos torneios, como o Ramón de Carranza (1974), o de Mar del Plata (1972) e o Laudo Natel (1972).

Regina reconhece a importância do Palmeiras para seu pai e a de seu pai para o Palmeiras. Mas não disfarça uma mágoa:

"

Acho que falta uma homenagem oficial do Palmeiras ao papai. Ele conquistou alguns dos títulos mais importantes do clube.

"

201

Brandão também é o treinador que mais vezes dirigiu o Corinthians. Foram 441 jogos, 252 vitórias, 96 empates e 93 derrotas. Foi duas vezes campeão paulista (1954 e 1977), além de ter conquistado três títulos do Torneio Rio-São Paulo (1953, 1954 e 1966) pelo Timão.

Em 2009, o diretor de marketing do Corinthians, Luís Paulo Rosenberg, amigo de Brandão, sugeriu a criação da Taça Oswaldo Brandão, que seria disputada sempre que os rivais Corinthians e Palmeiras se enfrentassem. A taça teria posse transitória e ficaria com o vencedor do clássico ou, então, com o mandante da partida em caso de empate. Por ter conseguido dois empates como mandante e uma vitória, o Palmeiras ficou com a posse definitiva da taça.

Como técnico da seleção brasileira, Oswaldo Brandão teve 3 passagens, entre 1955 e 1977. Acumulou 40 jogos, sendo 27 vitórias, 7 empates e apenas 6 derrotas. Foi campeão da Taça Oswaldo Cruz (1955), da Copa Roca (1976) e do Torneio do Bicentenário da Independência dos Estados Unidos (1976). Classificou a seleção para a Copa do Mundo de 1958.

Em dezembro de 1988, Oswaldo Brandão recebeu a Ordem do Mérito do Trabalho, entregue pelo então ministro do Trabalho, Almir Pazzianotto.

Na Vila Brasilândia, Zona Norte da cidade de São Paulo, existe um centro educacional e esportivo chamado Clube Escola Oswaldo Brandão. Em Taquara, cidade natal do treinador, no Rio Grande do Sul, há uma rua chamada Oswaldo Brandão, no bairro Jardim do Prado. Mesmo nome dado a uma rua de Itaquera, bairro da Zona Leste da capital paulista, onde foi construído o novo estádio do Corinthians.

Cronologia Fundamental

1916 Nasce em Taquara, Rio Grande do Sul, no dia 18 de setembro.

1918 Morre seu pai, Heitor Furtado Brandão

1930 É um dos fundadores do Garrat Futebol Clube.

1931 Disputa o primeiro clássico Gre-Nal, jogando pelo Inter.

1942 Participa do último Gre-Nal, em 11 de janeiro. No mesmo ano é contratado pelo Palestra Itália, e estreia em 14 de março, contra o São Paulo.

1945 Atua como treinador pela primeira vez, interinamente, comandando o Palmeiras contra o SPR, em 7 de outubro. Acumula as funções de atleta e treinador em algumas partidas. Casa-se com Luiza Barone Brandão, e nasce Regina, sua primeira filha.

1946 Disputa a última partida como atleta profissional, em 13 de outubro, num amistoso contra o Mogi Mirim.

1947 Assume como treinador da equipe principal do Palmeiras e conquista o título paulista da temporada. Nasce Márcio, seu segundo filho.

1948 É contratado pelo Santos Futebol Clube, clube pelo qual é vice-campeão paulista, e conquista a Taça Cidade de São Paulo, em 1949.

1951 Vai para a Portuguesa de Desportos, onde monta a equipe que ganha o Troféu Fita Azul.

1952 Após um período como gerente do Cinema Santa Helena, conquista o acesso à primeira divisão do Campeonato Paulista pelo Clube Atlético Linense.

1953 Convidado por Alfredo Trindade, aceita dirigir o Corinthians. No mesmo ano, ganha o Torneio Rio-São Paulo.

1954 É campeão paulista pelo Corinthians no ano do Quarto Centenário da Cidade de São Paulo.

1955 Dirige a seleção brasileira pela primeira vez e conquista a Taça Oswaldo Cruz.

1957 Pela seleção, termina em terceiro lugar no Sul-Americano do Peru; classifica o time para a Copa do Mundo de 1958, mas é demitido.

1960 Conquista o Supercampeonato Paulista de 1959 (a final foi disputada em 1960), pelo Palmeiras. Também é campeão nacional pelo Alviverde.

1961 É contratado pelo Independiente, da Argentina, e tem uma passagem discreta.

1966 De volta ao Corinthians, é o treinador da equipe no Torneio Rio-São Paulo, que não teve o quadrangular final disputado em virtude da Copa do Mundo. Na canetada, os quatro times com melhor campanha foram proclamados campeões: Corinthians, Santos, Botafogo e Vasco.

1967 Retorna ao Independiente e sagra-se campeão argentino.

1969 Após um breve período como comentarista da Rádio Tupi, assume o Peñarol, do Uruguai. Conquista o título da Supercopa da Libertadores da América.

1970 É vice-campeão da Libertadores da América treinando o Peñarol.

1971 É campeão paulista dirigindo o São Paulo Futebol Clube.

1972 É campeão paulista e brasileiro pelo Palmeiras.

1973 É bicampeão brasileiro pelo Palmeiras.

1974 É campeão paulista pelo Palmeiras.

1976 Após assumir novamente a seleção brasileira, em 1975, conquista o título do Torneio do Bicentenário da Independência dos Estados Unidos da América.

1977 Após ser demitido da seleção brasileira, comanda o Corinthians na campanha do título paulista, que encerra um jejum de 23 anos.

1978 Morre Márcio Eduardo Barone Brandão, segundo filho do treinador, vítima de um tumor no cerebelo.

1980 É demitido pelo Palmeiras após uma derrota para a Francana, em 10 de agosto. Seria seu último jogo como treinador do clube.

1981 Após ser chamado de ultrapassado pela torcida, deixa o comando do Corinthians.

1983 Trabalha no Coritiba, sem sucesso.

1984 Em breve passagem pelo Cruzeiro, deixa o clube mineiro antes do final do campeonato estadual, e mesmo assim é considerado campeão pela instituição.

1986 Derradeiro trabalho como treinador, pelo Vila Nova, de Goiás.

1988 É diagnosticado com câncer linfático em estado avançado.

1989 Morre em São Paulo, no dia 29 de julho.

2009 Luiza Barone Brandão morre em São Paulo, no dia 31 de março.

Bibliografia

ÁLVAREZ, Luicano. *Historia de Peñarol*. Montevideo: Santillana, 2004.

BIBAS, Solange. *As copas que ninguém viu*. São Paulo: Catavento, 1982.

CONFEDERACIÓN SUDAMERICANA DE FÚTBOL. *De Argentina 1916 a Venezuela 2007*: historia de la Copa América. Asunción, 2007.

FILHO, Mario. *O negro no futebol brasileiro*. 4. ed. Rio de Janeiro: Mauad, 2003.

JÚNIOR, Santiago; SÁTIRO, José Renato; CARVALHO, Gustavo Longhi de. *Copas do Mundo*: das Eliminatórias ao título. São Paulo: Novera, 2006.

GALUPPO, Fernando Razzo. *Morre líder, nasce campeão*. São Paulo: BB Editora, 2012.

GENTE Y LA ACTUALIDAD. Buenos Aires, 21 dez. 1967, ano 3, n. 126.

MICHIELIN, Francisco. *A primeira vez do Brasil*. Caxias do Sul: Maneco, 2008.

NAPOLEÃO, Antonio Carlos; ASSAF, Roberto. *Seleção brasileira – 90 anos*. Rio de Janeiro: Mauad, 2004.

NOGUEIRA, Renato. *Raul Plassmann*: histórias de um goleiro. Rio de Janeiro: DBA, 2001.

NORIEGA, Maurício. *Os 11 maiores técnicos do futebol brasileiro*. São Paulo: Contexto, 2009.

NORONHA, Nico; COIMBRA, David. *A história dos Grenais*. Porto Alegre: Artes e Ofícios, 1994.

PLACAR. Querido Mestre. São Paulo: Abril, 1º ago. 1980, n. 535, pp. 50-2.

_____. Querido Mestre. São Paulo: Abril, 27 mar. 1981, n. 567, pp. 26-8.

RIBEIRO, Rubens. *O caminho da bola*. São Paulo: Federação Paulista de Futebol, 2007.

SIMON, Luís Augusto. *Os 11 maiores goleiros do futebol brasileiro*. São Paulo: Contexto, 2010.

TEIXEIRA, José de Souza. *A história de um tabu que durou 22 anos*. São Paulo: Danju, 2005.

TREVISAN, Márcio; BORELLI, Hélvio. *Mário Travaglini*: da academia à democracia. São Paulo: HBG Comunicações, 2008.

VEJA. Páginas Amarelas. São Paulo: Abril, 1975, n. 338.

Arquivo de Paulo Guaratti, com edições das revistas *Manchete, Placar, Veja, Gazeta Esportiva Ilustrada, Hola, Gente, El Gráfico, France Football* e *Guerin Sportivo*.

Agradecimentos

Este livro jamais existiria sem a preciosa ajuda das seguintes pessoas, que contribuíram com entrevistas, informações, recortes de jornais e revistas, suas memórias, números de telefone, endereços eletrônicos e mensagens pela internet:

Regina Barone Brandão, Paulo Guaratti, Luiz Noriega (*in memoriam*), Luís Mendes (*in memoriam*), Djalma dos Santos (*in memoriam*), Isabel Urrutia, Mário Travaglini, Augusto Cid Otero, Arnado Pirajá, Arthur Antunes Coimbra (Zico), Alberto Helena Jr., Ademir da Guia, Antônio Roque Citadini, Osmar de Oliveira, Sílvio Luiz, Benê Ramos, José de Souza Teixeira, Carlos Eduardo Sacchi, Hélio Maffia, Vital Battaglia, Celso Unzelte, Mário Sérgio Venditti, Fernando Razzo Galupo, Valdir Joaquim de Morais, Oberdan Catani, Gérson de Oliveira Nunes, Roberto Rivellino, João Leiva Campos Filho (Leivinha), César Lemos (César Maluco), Olegário Tolói de Oliveira (Dudu), João Roberto Basílio, Paulo Roberto Falcão, Luís Paulo Rosenberg, Monica Rosenberg, Emerson Leão, Julio Grondona, Monara Marques, Carlo Vicente Ramirez, Márcio Trevisan, Fábio Finelli, Carlos Roberto de Oliveira (Roberto Dinamite), Márcio Papa, Francisco Michielin, Carlos Cereto, Sônia Peixoto, Denise Thomaz Bastos, Marco Mora, Eduardo Lima Carvalho, João Lanzone Neto (Lanzoninho), João Bressane, Iranui Berberian, Lucas Iazetti Neto, Mauro Beting, Maria Rosa Teixeira, Tonico Duarte, Jorge Kalil, Roberto Petri, Federação Gaúcha de Futebol, Ivan Manoel de Oliveira (Badeco), José Macia (Pepe), José Maria Rodrigues Alves, Walter Casagrande Jr., Wladimir Rodrigues dos Santos, Paulo Guilherme, Mário Felipe Peres (Tata), Luís Augusto Mônaco, Lívio Oricchio, Jan Balder, Juca Kfouri, José Mendes, Edson Scatamachia, José Maria de Aquino, Valdir Barbosa, Henrique Ribeiro, Claudio Mauri, Juarez Araújo, João Bosco Turetta, Rubens Moysés, Capitão Hidalgo.

O autor

Maurício Noriega, paulista de Jaú, cidadão de Bariri, é jornalista formado pela Faculdade Cásper Líbero de São Paulo e mestrando em Jornalismo Digital pelo Instituto Internacional de Ciências Sociais. Em mais de 25 anos de carreira, trabalhou nos jornais *Folha da Tarde*, *Diário Popular*, *A Gazeta Esportiva* e *Lance!*, e na Rádio Bandeirantes. Organizou ainda a operação editorial brasileira do portal esportivo internacional SportsJÁ! Participou de diversas coberturas internacionais, entre elas Jogos Olímpicos, Jogos Pan-americanos, Copa América, Eurocopa, Copa do Mundo, GPs de Fórmula 1, Atletismo e Mundiais de Vôlei e Basquete. Desde 2002 é comentarista e apresentador do canal SporTV, com passagem pelo jornal Bom Dia São Paulo, da Rede Globo. Ganhou por cinco vezes (2005, 2006, 2007, 2010 e 2011) o prêmio Ford/Aceesp de melhor comentarista esportivo. Pela Editora Contexto publicou o livro *Os 11 maiores técnicos do futebol brasileiro*.

GRÁFICA PAYM
Tel. (11) 4392-3344
paym@terra.com.br